Prof. Dr. Walter Dorsch & Prof. Dr. Klaus Zierer
Schulkinder gleich Sorgenkinder?

Prof. Dr. Walter Dorsch
& Prof. Dr. Klaus Zierer

Schulkinder gleich Sorgenkinder?

Schulprobleme als Familie meistern

Kösel

Sollte diese Publikation Links auf Webseiten Dritter enthalten, so übernehmen wir
für deren Inhalte keine Haftung, da wir uns diese nicht zu eigen machen, sondern
lediglich auf deren Stand zum Zeitpunkt der Erstveröffentlichung verweisen.

Wir haben uns bemüht, alle Rechteinhaber an den aufgeführten
Zitaten ausfindig zu machen, verlagsüblich zu nennen und
zu honorieren. Sollte uns dies im Einzelfall nicht möglich gewesen
sein, bitten wir um Nachricht durch den Rechteinhaber.

MIX
Papier aus verantwor-
tungsvollen Quellen
FSC® C014496
FSC
www.fsc.org

Verlagsgruppe Random House FSC® N001967

Copyright © 2020 Kösel-Verlag, München,
in der Verlagsgruppe Random House GmbH,
Neumarkter Str. 28, 81673 München
Umschlag: Weiss Werkstatt, München
Umschlagmotiv: © plainpicture/Thierry Foulon
Redaktion: Ralf Lay
Druck und Bindung: GGP Media GmbH, Pößneck
Printed in Germany
ISBN 978-3-466-31130-9
www.koesel.de

Dieses Buch ist auch als E-Book erhältlich.

Inhalt

Vorwort

Betrachtet man die große Zahl von Erziehungsratgebern, die Eltern angeboten werden, möchte man meinen, dass nahezu jedes pädagogische Problem leicht gelöst werden kann. Aber auch Sie, liebe Leserinnen und Leser, dürften erfahren haben, dass dies nicht so ist. Wir beide möchten Sie deshalb davor warnen, von irgendeinem, also auch von diesem Buch Patentlösungen zu erwarten.

Was ist richtig, was ist falsch in der Erziehung unserer Kinder, sei es zu Hause oder in der Schule? Seit Jahrtausenden beschäftigt diese Frage Eltern und Erzieher. Frühere Generationen – so scheint es uns heute – haben es sich einfach gemacht: Man müsse die Kinder nur zu »Recht und Ordnung« erziehen und sie auf eine strenge Schule schicken. So würden aus ihnen zuverlässige, zufriedene und dann auch glückliche Staatsbürger. Heute findet man eher das gegenteilige Extrem: Man müsse nur Verständnis für die Kinder haben, und schon würden sie glückliche, zufriedene, hilfsbereite und erfolgreiche Menschen.

Die Wahrheit dürfte irgendwo in der Mitte liegen: Manches klappt, manches klappt nicht. Wo diese Mitte liegt, darüber wird seit Urzeiten gestritten. Hierzu haben wir eine klare Position, die aus unseren Professionen folgt: Als Kinderarzt und Schulpädagoge vertreten wir die Auffassung, dass wissenschaftliche Erkenntnisse uns helfen können, Erziehung erfolgreicher werden zu lassen. Heute liegt ein großer Fundus an Erkenntnissen vor, sodass es töricht wäre, das nicht zu berücksichtigen. Fakten zu leugnen führt häufig zu Mythen und in der Folge auch zu Verunsicherungen. Und dennoch ist Vorsicht geboten. Denn wissenschaftliche Erkenntnisse sind nicht immer der Wahrheit letzter Schluss. Neuere Studien widerlegen nicht selten altes Wissen über Erziehung. Zudem lehrt uns der Alltag immer wieder, dass so manches wissenschaftlich eindeutig scheint, sich aber in der Praxis nicht bewährt.

Wir beide hatten das Glück, viele eigene Kinder mit großziehen und sehr viele Kinder, die uns anvertraut wurden, mit betreuen zu dürfen. Noch immer üben wir uns darin, reiben uns an den Theorien, an den wissenschaftlichen Ergebnissen und an unserer Erfahrung in der Praxis. Und beides ist es, was uns wichtig ist. Wir glauben an wissenschaftliche Erkenntnisse, und wir vertrauen der menschlichen Vernunft. Nicht immer deckt sich beides, aber beides ist wichtig.

Begleiten Sie uns auf eine Reise durch die Erziehung, bei der wir wissenschaftlichen Erkenntnissen ebenso folgen wie unseren Erfahrungen! Bei dieser Reise begleiten wir eine fiktive Familie, die Familie Reinhardt. Ihre Erlebnisse bilden den roten Faden des Buches, sie sind Ausgangs- und Endpunkt für unsere Überlegungen. Sie helfen uns, sperrige Themen anschaulich darzustellen. Viele Eltern mit schulpflichtigen Kindern erleben ähnliche Krisensituationen, außerdem lohnt es sich, über den Tellerrand der eigenen Familie hinaus Hintergründe von Krisen zu betrachten und darüber nachzudenken, wie sie ihre und wie man selbst die eigenen Probleme lösen könnte. (Natürlich werden Sie in diesem Buch auch erfahren, wie Kinder in anderen als der beschriebenen Familienkonstellation gut, manchmal besser zurechtkommen können.)

Wir dürfen Ihnen jetzt die Familie Reinhardt vorstellen.

Einführung

Die Reinhardts sind »eine ganz normale« Familie. Der Vater Georg ist städtischer Angestellter, die Mutter Klara hat hauptsächlich die Kinder versorgt, als sie noch klein waren, und auch danach ihren Beruf, sie ist Erzieherin, nur halbtags ausgeübt. Beide Eltern hatten verabredet, dass Klara wieder ganztags arbeiten würde, wenn auch der Jüngste aus dem Gröbsten herausgewachsen wäre.

Die zwei älteren Töchter, Sarah und Silvia, kamen sehr dicht hintereinander auf die Welt. Ihre Geburtstage liegen nicht einmal zwei Jahre auseinander, sodass manche sie fast für Zwillinge halten. Anfangs waren sie ein Herz und eine Seele. Der kleinere Bruder, Tobias, war zu Beginn seiner Familienlaufbahn der verwöhnte Prinz. Das hat sich im Lauf der Zeit geändert. Zu Beginn der Geschichte waren Sarah elf, Silvia neun und Tobias sechs Jahre alt.

Diese Familie hat – wie viele andere auch – Krisen erlebt und sie mehr oder weniger gut bewältigt. Die Probleme bezogen sich auf den Familienalltag, die Schule, das tägliche Lernen, Freunde, den Umgang mit Streit untereinander und vieles andere mehr.

Wir beide haben diese (fiktive) Familie sieben Jahre lang begleitet und ihr zu helfen versucht. Ihre Erfahrungen sind hier in zehn Kapiteln aufgezeichnet.

Für Tobias beginnt der Ernst des Lebens
Der kleine Bruder ist kürzlich eingeschult worden. Als verwöhntes Nesthäkchen hat er erhebliche Schwierigkeiten. Die Grundschule liegt in der Nähe eines sozialen Brennpunkts. Deutsche Namen sind unter den Klassenkameraden in der Minderheit. Der Schulweg wird zum Drama, das Lernen zu Hause mit der Mama dauert stundenlang, die älteren Schwestern fühlen sich vernachlässigt.
Über Geschwisterliebe und wie wir sie nutzen können.

Den Schwestern reicht's:
»Müsst ihr euch denn immer streiten?«
Vater und Mutter streiten sich über den richtigen pädagogischen Umgang mit dem kleinen Jungen. Die beiden Schwestern versuchen einzugreifen. Es gibt also vier divergierende Erziehungskonzepte.
Über elterliche Konflikte und wie wir sie zum Wohl unserer Kinder austragen können.

»Mein Kind muss aufs Gymnasium!«
Silvia, die jüngere der Schwestern, will eigentlich nicht aufs Gymnasium. Es taucht die Frage auf, ob sie ausreichend begabt ist oder ob sie an einem stillen Aufmerksamkeitsdefizit leidet.
Elternwille und Schulerfolg: über Lernfreude und Leistungsmotivation als zentrale Aufgaben familiärer Unterstützung.

Tobias will nie mehr in die Schule gehen
Tobias hat es bis in die dritte Klasse der Grundschule geschafft. Er ist immer noch schüchtern, hat aber zwei feste Freunde. Ältere Mitschüler drangsalieren die jüngeren, Gruppen unterschiedlicher Herkunft und Männlichkeits-

ideale treffen aufeinander. Bei Konflikten fühlt sich Tobias von seinen Freunden im Stich gelassen.
Was passiert, wenn Kinder keine Freunde in der Schule haben?

»Diese Lehrkraft geht gar nicht!«

Sarah erlebt in der vierten Klasse ihres neusprachlichen Gymnasiums einen massiven Leistungsknick in der Konfrontation mit einer, wie sie und die Eltern meinen, bösartigen Lehrperson. Die Eltern glauben, diese müsse entlassen oder zumindest versetzt werden.
Eltern, Lehrpersonen und gegebenenfalls das Kinderzentrum diskutieren über alternative Bildungswege.

Silvias innere Emigration

Silvias beste Freundin verlässt die Schule. Silvia ist von den vielen Familienkrisen erschöpft. Sie fühlt sich vernachlässigt, zieht sich zurück und driftet ab in Computersucht und hängt nur noch am Smartphone. Ihre Schulleistungen sinken. Die Eltern wissen nicht, wie sie den Tagesablauf für die Familie strukturieren können. Eines Tages gibt ihnen der Kinderarzt einen wertvollen Tipp. Silvia kehrt allmählich zurück.
Über die Notwendigkeit klarer Tagesabläufe. Wie lassen sich Smartphone, Tablet & Co. sinnvoll in die Familie integrieren?

Tobias, der traurige Klassenclown

Tobias hat zwar den Übergang aufs Gymnasium geschafft, scheitert aber am Lateinunterricht. Auf der Realschule hat er erneut Probleme, sich einzuordnen. Er versucht, sie durch aufsässiges Benehmen und die Rolle des Klassenclowns zu lösen.
Warum die Rolle des Klassenclowns so gar nicht lustig ist.

Im pädagogischen Wunderland

Angesichts der Schulprobleme der Kinder und wachsenden Spannungen in der Familie sucht Georg grundsätzlich andere Lösungen. Eines Tages überrascht er die Familie mit einem Riesenpaket von Prospekten, Broschüren und Büchern, die die moderne Pädagogik im Zeitalter der Digitalisierung und vieles andere behandeln.

Wie die Digitalisierung die Lebenswelt im Kleinen wie im Großen verändert.

Es kracht bei den Reinhardts

Die Reinhardts haben beschlossen, die Schule nicht zu wechseln. Auch der Besuch eines Internats wird verworfen. Man wollte dann doch lieber als Familie zusammenbleiben. Dem Familienleben drohen aber neue Zerreißproben, als der Vater im Beruf Schwierigkeiten hat und die Mutter nicht alle Bürden auf sich nehmen will. Die Sorgen belasten die ganze Familie. Immer wieder kommt es daher zu Streitigkeiten, bis eines Tages die Situation eskaliert und Georg seiner ältesten Tochter eine Ohrfeige gibt.

Was passiert, wenn Eltern die Fassung verlieren?

Ein Neuanfang

Die Mutter möchte, wie zwischen den Eheleuten lange verabredet, wieder ganztags arbeiten. Der Vater fürchtet den Tag schon lange und hofft insgeheim, dass die Mutter die vermeintliche Notwendigkeit erkennt, zu Hause zu bleiben. Allen Hoffnungen zum Trotz: Die Mutter bleibt – vollkommen zu Recht – bei ihrem Plan: Sie möchte so ganz allmählich wieder in ihre frühere Tätigkeit zurückkehren und nicht riskieren, ihren beruflichen Anschluss zu verlieren, wenn sie wartet, bis alle Kinder aus dem Haus sind.

Die alte Familienstruktur zerbricht, neue Regeln müssen ausgehandelt werden. Beide Eltern stimmen ihre Berufstätigkeiten aufeinander ab. Klara schafft den Wiedereinstieg. Georg kann zurückstecken, ohne seine Karriere zu gefährden. Sarah hat sich verliebt, wird bald ihr Abitur ablegen und möchte dann wie ihr Freund Architektur studieren. Silvia muss die Klasse nicht wiederholen und lernt tanzen. Ihre Eltern auch. Tobias leitet eine Sprachfördergruppe in der Schule.

Wie alle fünf Reinhardts die Schule als soziale Aufgabe entdecken und als Team zusammenarbeiten.

Für Tobias
beginnt der Ernst des Lebens

Bei Familie Reinhardt:
Episode Nr. 1

Endlich war es so weit: Tobias, der Jüngste der Familie, war kürzlich eingeschult worden. Dies gestaltete sich nicht einfach. Der Junge hatte immer im Mittelpunkt der Familie gestanden. Man kann es verstehen: Seine Mutter Klara hatte während der Schwangerschaft große gesundheitliche Probleme, auch die Entbindung war schwierig. Als Säugling litt er an Ernährungsstörungen, als Kleinkind an allergischen Reaktionen auf Milch und andere Nahrungsmittel sowie an häufigen Infektionen der Atemwege, teilweise begleitet von Asthma bronchiale. Er benötigte immer besondere Zuwendung. Zu sprechen hatte er erst spät begonnen. Seine Mutter und die Schwestern lasen ihm jeden Wunsch von den Lippen ab. Er war immer umsorgt. An häuslichen Pflichten musste er sich nur selten beteiligen. Die Eingewöhnung in den Kindergarten verlief schwierig, weil ihm die Kinder oft zu laut und zu frech waren. Bei Vorsorgeuntersuchungen im Alter von vier und fünf Jahren hatte der Kinderarzt auf eine verzögerte Sprachentwicklung aufmerksam gemacht, Übungen für zu Hause besprochen und regelmäßige Kontrollen verabredet. Die intensivere Behandlung durch eine Logopädin wurde diskutiert, aber zunächst nicht durchgeführt.

Beim Einschulungstermin stellte sich heraus, dass das Defizit in der Sprachentwicklung doch größer war als gedacht. Außerdem wurde die emotionale und soziale Entwicklung als verzögert eingeschätzt, sodass man – übrigens dem Wunsch der Eltern entsprechend – die Einschulung um ein Jahr verschob. Drei der vier engeren Freunde, die Tobias hatte, wurden regelhaft eingeschult. Dadurch wurde der Kontakt zu ihnen immer spärlicher. Viel Freizeit musste er für logopädische und ergotherapeutische Behandlungen opfern. Zusätzlich begann die Mutter, mit ihm intensiver zu üben: Mit bewundernswerter Geduld führte Klara mit Tobias täglich die empfohlenen häuslichen Übungen durch. Darüber hinaus lasen sie viel in Büchern, Klara las vor, gemeinsam bastelten und sangen sie viel. Tobias hat fast alles aufgeholt und ein Jahr später die Schuleignungsuntersuchung bestanden.

Klaras Zeitaufwand war beträchtlich. Sie war täglich ein bis zwei Stunden nur mit Tobias beschäftigt. Die Schwestern fühlten sich zunehmend zurückgesetzt und ließen Tobias deutlich spüren, dass sie mit seiner Rolle als Prinz absolut nicht einverstanden waren.

Die Eltern Georg und Klara hatten zeitweilig überlegt, ob Tobias nicht besser eine Montessori-Schule besuchen sollte, damit er dort seinen Begabungen entsprechend besser gefördert werden könne. Nach intensiver Diskussion mit Georg ließ sich Klara davon überzeugen, dass die Regelschule sinnvoller sei: Zum einen lag die Montessori-Schule weit entfernt, sodass der Transport sich mit dem Alltag der Familie nicht koordinieren ließ. Zum anderen wollte Tobias in die gleiche Schule gehen wie seine Schwestern.

Die Sprengelschule hatte ein großes Einzugsgebiet. Viele

Kinder aus Problembezirken der Stadt gingen dorthin. Tobias wunderte sich anfangs, dass viele der Kinder ausländische Vornamen trugen. Er kam nicht mit allen gut zurecht. Dem Unterricht wollte oder konnte er oft nicht folgen. Zu Hause erzählte er, ihm sei langweilig gewesen. Nach mehreren Gesprächen mit der Lehrerin verstärkte die Mutter ihre pädagogischen Maßnahmen: Sie war jetzt insgesamt zwei bis drei Stunden pro Tag intensiv mit dem Jungen beschäftigt. Der Erfolg in der Schule blieb aber aus.

Mit dieser Vorgeschichte müssen sich die Eltern auseinandersetzen. Sie suchen erneut Tobias' Lehrkräfte und seinen Kinderarzt auf. Sowohl beim Arztbesuch als auch in einer Elternsprechstunde schildert vor allem die Mutter die Schwierigkeiten. Der Vater beteiligt sich nur wenig an den Gesprächen. Für die Mutter liegt das Hauptproblem darin, dass Tobias zwar zu Hause jede geforderte Leistung bringen könne, die Lehrerin aber überhaupt nicht zufrieden sei. Er könne nicht lesen wie die anderen Kinder, sei sehr leicht ablenkbar und habe wenig Ausdauer im Unterricht, auch beim Werken und textilen Gestalten. Die älteren Schwestern, die früher so hilfsbereit gewesen wären, würden zunehmend gehässiger, auch eifersüchtig, weil sich immer alles um den kleinen Tobias drehe. Sie würden immer nur noch »Pimpf« zu ihm sagen und wären doch früher so lieb gewesen.

Liebe Eltern, vielleicht haben Sie Ähnliches erlebt oder beobachtet und suchen wie die Reinhardts nach Lösungen. Wir glauben, dass es sich lohnt, sich hierzu folgende Bereiche genauer anzusehen.

Es darf sich nicht alles
um das kranke Kind drehen

Zugegeben, Tobias war und ist noch immer ein Problemkind. Aber jedes Mitglied einer Familie sollte gleiche Rechte und Pflichten haben, natürlich seinem jeweiligen Können und Entwicklungsstand angemessen. Vor allem bei Familien mit chronisch kranken Kindern ist häufig zu beobachten, dass die gesamte Aufmerksamkeit der Familie ausschließlich um das eine kranke Kind kreist. So manche Familie ist daran zerbrochen, insbesondere solche mit schwerbehinderten Kindern. Eine derartige Entwicklung nutzt aber niemandem, auch nicht dem Problemkind. Wenn Eltern nicht auf Ausgewogenheit achten, entstehen häufig offen oder verdeckt Neid und Eifersucht. Die Eltern geraten in Streit über die richtige Umgangsweise mit dem kranken Kind. Unmittelbare Folge dieser ausschließlichen Fokussierung auf das Problemkind ist eine zunehmende Schieflage der Familienstruktur. Statt dass sich alle um beste Lösungen bemühen, trifft in unserem Beispiel die Mutter immer einsamere Entscheidungen und fühlt sich vom Rest der Familie alleingelassen. Halten Sie sich bitte stets vor Augen: Erfolgreiche Erziehung ist Teamarbeit! Sie erfordert den regelmäßigen Austausch von allen – im Fall einer dreiköpfigen Familie ergäbe sich daraus eine Trias aus folgenden Beziehungsgeflechten: Mutter und Kind, Vater und Kind, Mutter und Vater – und Letztere ist in ihrer Komplexität und Wirkung nicht zu unterschätzen.

Einem chronisch kranken Kind ist nicht damit geholfen, dass Mutter oder Vater oder gar beide darauf verzichten, ein eigenes Leben zu leben. Vor allem für allein- oder getrennt erziehende Eltern besteht eine besondere Gefahr, dass sie sich fast nur mit den verschiedenen Aspekten der Krankheit ihres Kindes beschäftigen und vollkommen vergessen, dass sie ja auch ein eigenes leben dürfen. Hier ist ein funktionierendes soziales Netz besonders wichtig, das den alleinerziehenden Eltern Erleichterung verschafft. Das können zum Beispiel Elterngemeinschaften sein, aber auch ganz gewöhnliche Mitgliedschaften in Vereinen.

Was den Schulerfolg anbelangt: Allein- oder getrennt erziehende Eltern können und wollen wir an dieser Stelle beruhigen. Wie noch näher erläutert wird, spielt die Art der Familienstruktur für die Lernenden keine große Rolle, entscheidend ist die Qualität der Interaktion zwischen den Partnern.

Erziehung zur sprachlichen Kompetenz: früh beginnen!

So manche Eltern wundern sich, dass ihr zweites (oder drittes) Kind spät zu sprechen begonnen hat. Sie schildern oft, dass sich ihr erstes schon sehr früh mit Worten auszudrücken wusste und mit zwei Jahren bereits wie ein Wasserfall plapperte. Das zweite nun sei ausgesprochen mundfaul. Es würde zwar alles verstehen und sich blendend durchsetzen können. Aber selbst reden wolle es einfach nicht.

In der kinderärztlichen und schulischen Sprechstunde lässt sich in solchen Fällen oft beobachten, wie die nonverbale Kommunikation zwischen den Eltern, den älteren Geschwistern und dem Kleinkind hervorragend funktioniert. Die kleine Prinzessin oder der kleine Prinz muss nur auf das Lesebuch deuten, schon wird es gebracht und vorgelesen, der Griff zur Handtasche versorgt das Kleinkind sofort mit einer Süßigkeit, es deutet auf ein Spielzeug, es wird gebracht, es hebt die Arme und wird getragen. Ein wunderbares Leben! Wozu soll man sich dann darum bemühen, sprechen zu lernen?

Hierzu eine kleine Anekdote aus dem Alltag: Das recht niedlich wirkende Karlchen feiert seinen ersten Geburtstag und verzaubert alle Familienmitglieder mit seinem Lächeln. Ein Jahr später sind wieder alle um ihn versammelt. Jeder will mit ihm reden und spielen. Er macht alles mit, wieder lächelt er nur, statt zu reden. Ähnlich verläuft auch der dritte Geburtstag. Beim vierten schlägt er mit der Faust auf den Tisch und ruft laut: »Die Suppe ist schlecht, keiner kann sie essen!« Alle sind überrascht und erstaunt, freuen sich aber dann doch über den plötzlichen Redefluss. Als der Großvater nachfragt, weshalb er denn nicht früher schon gesprochen habe, lautet die Antwort kurz und bündig: »Es hat ja nichts zu reklamieren gegeben!«

Aus solchen Erfahrungen leitet sich die Empfehlung ab, früh und intensiv mit den eigenen Kindern zu reden, und zwar *mit* ihnen und nicht über sie hinweg (weil man ohnehin zu wissen glaubt, was sie wollen). Reden bedeutet immer Rede und Gegenrede, Wort und Antwort. Und häufig ist für die Eltern zuzuhören wichtiger, als zu reden. Denn so erfährt man, was Kinder wirklich denken und fühlen. Die sich daraus ergebenden Fragen sind geeignet, um mit Kindern über ihre Welt ins Gespräch zu kommen.

Die Erziehung zur sprachlichen Kompetenz muss also früh beginnen. Wie wichtig der frühe und intensive Spracherwerb für die intellektuelle Entwicklung ist, zeigt eine in Fachkreisen sehr bekannte Studie »The Early Catastrophe: The 30 Million Words Gap by Age 3«[1] von Betty Hart und

Todd R. Risley von der University of Kansas. Was haben sie gemacht?

Die Forscher besuchten mehr als zwei Jahre lang 42 Familien zu Hause und registrierten die Interaktionen zwischen Kindern und ihren Eltern. Hierfür wurden die Familien einmal im Monat eine Stunde lang begleitet, und alle Geschehnisse wurden beobachtet, aufgezeichnet und analysiert – insgesamt mehr als 1300 Stunden. Die Kinder waren zu Beginn der Studie zwischen sieben und neun Monaten alt und am Ende drei Jahre. Sie teilten die Familien ihrem sozioökonomischen Status entsprechend ein in ein oberes (dreizehn Familien), ein mittleres (zehn Familien) und ein unteres Niveau (dreizehn Familien) sowie von Sozialhilfe abhängige Familien (sechs) und gewannen so bemerkenswerte Erkenntnisse.

Es stellte sich heraus, dass Kinder (spätestens) im Alter von drei Jahren bereits ihre Eltern kopieren – beim Reden, beim Gehen, beim Spielen und sogar beim »Erziehen« der Puppe. Im Detail kommen die Forscher zu dem Ergebnis, dass es in den untersuchten Familien einen dramatischen Unterschied im Hinblick auf Interaktion und Dialog gibt und dieser in einem Zusammenhang mit dem sozioökonomischen Status steht. So unterscheiden sich Kinder im Alter von drei Jahren in Hinblick auf ihren Wortschatz deutlich: Kinder aus einem bildungsnahen Milieu verfügen über einen fast dreimal so großen Wortschatz wie Kinder aus einem bildungsfernen. Dieser Unterschied schwindet in den darauffolgenden Schuljahren nicht. Schule und Unterricht führen zu keiner Kompensation, im Gegenteil: Die Unterschiede bleiben nicht nur bestehen, sie nehmen sogar weiter zu.

Als einen Grund für diese Unterschiede in den sprachlichen Fähigkeiten identifizieren Hart und Risley das häusliche Anregungsniveau im Hinblick auf die sprachliche Interaktion mit den Kindern. Durch ihre Beobachtungen kamen sie zu folgender Rechnung: Kinder aus bildungsnahen Milieus hören bis zum Alter von drei Jahren ungefähr 45 Millionen Wörter, wohingegen Kinder aus bildungsfernen Milieus gerade mal fünfzehn Millionen Wörter wahrnehmen. Das ergibt die berühmt-berüchtigte »Dreißig-Millionen-Wörter-Lücke«. Natürlich kommt es auch auf die Art an, wie man miteinander redet: Quantität sagt wenig über Qualität aus.

Hart und Risley untersuchten ebenfalls, wie das Verhältnis zwischen sprachlicher Ermutigung und sprachlicher Entmutigung aussieht. Auch hier ein eindeutiges Ergebnis: Kinder aus bildungsnahen Milieus erhalten bis zu siebenmal häufiger eine Ermutigung als eine Entmutigung, und Kinder aus bildungsfernen Milieus hören gut doppelt so oft eine Entmutigung als eine Ermutigung.

Die Schlussfolgerung der Forscher ist eindeutig: Bis zum Alter von drei Jahren werden im Hinblick auf Bildung Weichen gestellt, die später kaum noch wettzumachen sind – und wenn, dann nur mit ungeheuer großem Aufwand. Die einzige Lösung sehen sie folgerichtig in der Stärkung der Familien und in der Kooperation mit Bildungseinrichtungen.

Im häuslichen Gespräch kommt es vor allem auf Gespräche an, die Kinder und Jugendliche zum Nachdenken bringen. Fragen Sie also nach! Bringen Sie Ihre Kinder dazu, ihre Meinung zu äußern, sie zu begründen, sie zu verteidigen und sie zu erläutern. Und reduzieren Sie den »Business Talk« – »Erledige bitte die Hausaufgaben«, »Räum bitte deinen Schulranzen auf«, »Wasch dich« und Ähnliches mehr – auf ein Minimum. So wichtig er ist, als Endlosschleife bringt er Ihrem Kind nichts. Viele Kinder nehmen dauernde Ermahnungen nur noch als soziales Hintergrundgeräusch der Eltern wahr, das man getrost überhören kann.

Im Fall der Familie Reinhardt bleibt noch nachzutragen, dass Tobias' Gehör selbstverständlich mehrfach überprüft und immer als normal befunden wurde. Kinderarzt und Lehrperson sind wegen der späten Empfehlung einer Logopädie zu kritisieren. Beide hätten den Beteuerungen der Eltern, dass sie »schon alles richtig machten«, nachgehen und konkret erfragen können, was denn tagtäglich an Förderung passiert.

Kinder sollen im Haushalt mithelfen

Viele Eltern, so auch Klara, entbinden ihre Kinder von Arbeiten in der Familie, damit sie sich voll auf das Lernen konzentrieren können – vor allem wenn sie sich in der Schule schwertun. Die Idee, die dahintersteckt, klingt überzeugend: Das Kind soll nicht wertvolle Zeit mit so banalen Tätigkeiten vergeuden wie den Tisch abräumen, den Müll wegbringen, das Kinderzimmer aufräumen und beim Einkaufen helfen. Stattdessen soll es sich voll auf seinen Haupt»beruf«, den der Schülerin beziehungsweise des Schülers, konzentrieren. Leider führt dieses Konzept selten zum erwünschten Erfolg, wie in mehreren Studien gezeigt werden konnte. Man hat festgestellt, dass ein gelungener Start in das Schulleben hoch mit dem Bildungsgrad der Eltern sowie einer umfassenden Einbindung des Kindes in familiäre Alltagspflichten korreliert. Mit anderen Worten: Je mehr die Kinder im Vorschulalter gelernt hatten, etwas Verantwortung im Familienleben zu übernehmen, desto leichter war für sie der Start in der Schule.

Dass die elterliche Schulbildung ebenfalls einen sehr starken Einfluss auf den Erfolg der Kinder in der Schule hat, ist allgemein bekannt und hat zu vielfältigen politischen Diskussionen geführt, auf die wir später noch eingehen werden. Interessant und wichtig ist ein Nebenbefund: Das Eingebundensein der Kinder in familiäre Pflichten korreliert nicht mit dem Bildungsgrad ihrer Eltern. Das bedeutet, dass Kinder aus höheren Bildungsschichten nicht nur durch Zwang und Disziplin zu besseren Schulleistungen gebracht werden und dass Eltern, die nicht das Glück hatten, eine höhere Bildung in die Wiege gelegt zu bekommen, viel dazu beitragen können, dass ihre Kinder in der Schule Erfolg haben. Übertragen Sie also im steten Austausch mit Ihrem Partner und dem Kind Verantwortung an Ihre Kinder, ihrem jeweiligen Entwicklungsstand entsprechend. Im Übrigen können Kinder, die aktiv im Haushalt mithelfen, viel über strukturiertes Arbeiten lernen, über sinnvolle Zusammenarbeit, Grundrechenarten, sogar über Grundprinzipien der Botanik, der Physik, der Chemie, der Elektrizität und vieles, vieles andere mehr.

Seneca übertreibt mit seiner ironischen Zuspitzung »Non vitae, sed scholae discimus« (»Nicht für das Leben, sondern für die Schule lernen wir«). Umgekehrt ist es richtig: Kinder lernen nicht nur in der Schule und nicht nur für die Schule. Schule ist Leben, und Leben ist Schule. Kinder in den Alltag mit einzubeziehen und die Dinge des täglichen Lebens zu erklären ist die beste Vorbereitung für die Schule, Einbindung in familiäre Alltagspflichten, Mitarbeit in der Familie und ein hohes häusliches Anregungsniveau sichern den Schulerfolg! Und das können alle Eltern ermöglichen, unabhängig vom eigenen Bildungsabschluss!

Lernen:
zu Hause top, in der Schule ein Flop

Warum kann denn Tobias nur zu Hause alle Aufgaben lösen, nicht aber in der Schule? Das gemeinsame Lernen Tobias' und seiner Mama entwickelte sich immer mehr zu einem ganz besonderen Ritual. Der Küchentisch wurde leer geräumt, es gab Naschereien und feine Getränke. Tobias sollte sich konzentrieren können, also wurden alle anderen Familienmitglieder angewiesen, sich möglichst ruhig zu verhalten. Mit der Besprechung der Hausaufgaben und ihrer gemeinsamen Bearbeitung, mit Sprechübungen zur Verbesserung des Redeflusses und der Artikulation, funktioneller Entspannung, Atemtherapie, gemeinsamem Singen und Konzentrationsübungen vergingen rasch zwei, manchmal fast drei Stunden. Enttäuschend war, dass Tobias in der Schule keineswegs die gleichen Leistungen abliefern konnte wie zu Hause in Gegenwart seiner Mutter. Beide, Tobias und seine Mama, überlegten, ob nicht die Lehrperson eine besondere Abneigung gegenüber dem Jungen hegte. Allerdings war sie bei anderen Familien durchaus beliebt. Es schien ein Mysterium.

Des Rätsels Lösung könnte sicher sein, dass sich Tobias nicht auf das Lernen konzentrierte, sondern vor allem die ausschließliche Zuwendung seiner Mutter genoss, die er auf eine so einfache Art und Weise erwerben konnte. Die Mutter wiederum war innerlich möglicherweise so sehr mit ihrem Sohn verbunden, dass sie, auch ohne es zu hinterfragen, fast immer davon überzeugt war, dass Tobias alle Fragen, die die Lehrperson ihm würde stellen können, glänzend beantworten könnte.

An dieser Stelle laden wir Sie zu einem Ausflug in die

Geschichte der Sozialpsychologie ein. Es ist die wahre Geschichte vom rechnenden Pferd, dem »Klugen Hans«: Am Beginn des vergangenen Jahrhunderts sorgte es für Aufsehen und machte vor allem Psychologen ratlos. Es konnte offenbar rechnen, schreiben und Spielkarten erkennen. Der pensionierte Schullehrer Wilhelm von Osten hatte ihm beigebracht, zu zählen, zu rechnen und zu buchstabieren. Der »Kluge Hans« konnte auch noch den richtigen Wochentag angeben, von einer Taschenuhr die Zeit ablesen und die Bilder auf Spielkarten erkennen. Seine Antworten gab er mit dem Huf: Er klopfte so lange auf den Boden, bis das richtige Ergebnis erreicht war. Und er irrte sich selten. Im September 1904 stand – auf ausdrücklichen Wunsch des Herrn von Osten – eine Expertenkommission vor dem »Klugen Hans«, um ihn zu prüfen, allen voran Carl Stumpf, der Leiter des Psychologischen Instituts der Berliner Universität. Die Fachleute hatten den Verdacht, dass von Osten irgendwelche Tricks benutzte. Aber sie fanden nichts. Selbst wenn der »Kluge Hans« nicht unmittelbar neben Herrn von Osten stand, klopfte er das korrekte Ergebnis. Die Mitglieder der Kommission kamen zu dem Schluss, dass von Osten zwar kein Betrüger sei, wie aber der »Kluge Hans« seine Leistungen vollbrachte, konnten sie nicht erklären.

Später gelang es dem Psychologiestudenten Oskar Pfungst, einem Mitarbeiter der Kommissionsleitung, das Rätsel zu lösen. Er vermutete, das Pferd reagiere intuitiv auf den Fragesteller und klopfe so lange mit dem Huf, bis es spüre, dass sein Herr und Meister zufrieden mit ihm war. Pfungst testete den »Klugen Hans« erneut und stellte fest: Wenn das Pferd den Fragesteller nicht sehen konnte oder wenn dieser das Ergebnis nicht wusste, irrte sich das Tier. Dagegen reichte schon eine minimal hochgezogene

Augenbraue, damit es wusste, dass sein Ziel erreicht war. Am 9. Dezember 1904 gaben die Psychologen Pfungst und Stumpf ihre Stellungnahme ab. Der »Kluge Hans« konnte weder rechnen noch buchstabieren. Aber er konnte ausgezeichnet beobachten. Er hatte sich gewissermaßen selbst dressiert.

Wilhelm von Osten konnte sich mit dieser Erkenntnis nicht abfinden. Die Entdeckung des Psychologiestudenten Pfungst jedoch war ein wichtiger Schritt für die Psychologie. Ein ernst zu nehmender Versuchsleiter muss heute in jedem Testverfahren den »Klugen-Hans-Effekt« ausschließen: dass nämlich seine eigene Erwartungshaltung das Experiment beeinflusst, sodass letzten Endes nur das herauskommt, was er gern haben möchte.

Der Kinderarzt und der Lehrer hätten Frau Reinhardt also die Geschichte erzählen und erklären können: »Ihr Kind ist seit der Säuglingszeit gewohnt, Ihre Gedanken zu lesen, Ihre Gefühle wahrzunehmen. Es ist sicher klüger als der ›Kluge Hans‹! Warten Sie nicht bei den Hausaufgaben (mehr oder weniger ungeduldig), bis Ihr Kind endlich die richtige Lösung findet. Rechnen Sie nicht in Gedanken mit. Hören Sie ihm stattdessen genau zu, wie es den Weg zur richtigen Lösung beschreibt, wie es argumentiert, denn nicht das Nachsprechen einer fertigen Lösung ist der entscheidende Bildungsauftrag, sondern die Befähigung, Lösungen zu finden. Außerdem ist dies eine wunderbare Übung auch für solche Eltern, die keine Weltmeister im Zuhören sind.«

Was können wir
von den Reinhardts lernen?

Der Familie Reinhardt geht es eigentlich gut: Sie gehört der gebildeten Mittelschicht an, verfügt über ein sicheres Einkommen, der Vater arbeitet, die Mutter kann sich intensiv um die Kinder kümmern, vor allem um das Problemkind Tobias. Trotzdem steht sie vor zahlreichen Herausforderungen. Mit der Frage, ob es Kindern in anderen Familienkonstruktionen, beispielsweise mit getrennt lebenden oder alleinerziehenden Eltern grundsätzlich schlechter geht, beschäftigen wir uns später in der Kontroverse 5.

Zunächst aber fassen wir zusammen, was wir bisher von den Reinhardts lernen konnten. Wir ziehen eine Zwischenbilanz:

- Schulprobleme sind Teil des Familienlebens und dürfen den Zusammenhalt der Familie nicht zerstören! Kinder sind in das tägliche Leben mit einzubeziehen! Sie lernen im Leben fürs Leben.
- Mit Kindern muss man sprechen, so früh und so intensiv wie möglich – und auf Antworten bestehen! Dabei sollte man miteinander reden statt übereinander oder über den anderen hinweg! Wer immer schon zu wissen glaubt, was der Gesprächspartner denkt, erfährt nie, was wirklich in ihm vorgeht.
- Es kommt auf die Qualität der Interaktion zwischen Kindern, Eltern und Erziehern an, nicht auf die Rahmenbedingungen. Erziehung ist *Be*ziehung und nie einseitig.

Schließlich zeigt sich Bildungserfolg nicht darin, dass Kinder nur nachahmen können, was wir Erwachsene ihnen

vorgemacht haben, sondern darin, dass sie begründen können, was sie warum tun. Zuhören ist also aus Elternsicht
wichtiger als reden. Und für Kinder und Jugendliche ist es
wichtig, ihr eigenes Lernen und Handeln reflektieren zu
können.

Kontroverse 1:
Krippenbetreuung für Kinder
unter drei Jahren?

Nun könnte man, vor allem vor dem Hintergrund der in den letzten Jahren intensiv geführten öffentlichen Debatten über fehlende Krippenplätze in Deutschland, auf die Idee kommen, Familie Reinhardt hätte Tobias nur etwas früher, also bereits vor dem dritten Lebensjahr, durch erfahrene Erzieherinnen und Erzieher betreuen lassen sollen. So hätte er viel früher Sprachkompetenz und soziale Sicherheit erworben. Doch so einfach ist es nicht. Denn es gibt zur Frage, ob und wie sinnvoll eine Gruppenbetreuung von Kindern in den drei ersten Lebensjahren ist, unterschiedliche Positionen. Die jeweiligen Bezugspunkte sind dabei entscheidend.

Befürworter gehen oft von der sozioökonomischen Realität unserer Familien aus: Der Anteil der Mütter, die im zweiten Lebensjahr ihres Kindes zwischen 2006 und 2014 wieder arbeiten, stieg in diesen Jahren von 35 auf 43 Prozent. Laut OECD sind in Deutschland 68 Prozent der Mütter erwerbstätig (in Griechenland 50 Prozent, in Dänemark 80 Prozent), etwa die Hälfte davon in Teilzeit. Die Bertelsmann-Stiftung berichtet in ihrer Studie zur frühkindlichen Bildung, dass im Jahr 2015 43 Prozent der Eltern einen Krippenplatz für ihr Kind unter drei Jahren wollten, in den neuen Bundesländern 52 Prozent, in den alten Bundesländern 28 Prozent.[2] Seit dem 1. August 2013 besteht ein gesetzlich verbrieftes Recht auf einen Kita-Platz für Kinder ab dem vollendeten ersten bis zum dritten Lebensjahr. Häufig werden bildungspolitische Aspekte angeführt. Der soziale Hintergrund der Eltern spiele eine große Rolle für die Bildungskarriere und berufliche Laufbahn der Kinder. Man müsse die Benachteiligten intensiv fördern und so für soziale Gerechtigkeit sorgen. Schließlich wird drittens auf das Kind Bezug genommen. Ein gängiges Argument lautet, dass beispielsweise die mangelnde Sprachkompetenz von Kindern mit Migrationshintergrund und/oder ein niedriger sozioökonomischer Status durch eine frühe Fremdbetreuung ausgeglichen werden könne.

Allerdings sind die wissenschaftlichen Belege für die verschiedenen Argumente widersprüchlich. Während das erste Argument nicht von der Hand zu weisen ist und Familien häufig aus ökonomischen Gründen auf die Arbeit von beiden Elternteilen angewiesen sind, fehlt es den weiteren Argumenten an empirischer Absicherung. Denn weder lässt sich vermeiden, dass der soziale Hintergrund am Bildungserfolg einen bedeutsamen Anteil hat, noch lassen sich daraus resultierende Benachteiligungen im kognitiven Leistungsniveau vollends beseitigen.

Der Ansatzpunkt für Befürworter von frühen Betreuungssituationen erscheint vor diesem Hintergrund nachvollziehbar: Je früher die Kinder gemeinsam erzogen werden, desto weniger würden sozioökonomische Unterschiede der Elternhäuser wirksam. Ebenso besteht die Hoffnung, dass alle Kinder mit früh beginnender und langer Betreuung in Bezug auf ihre sprachlichen und visuomotorischen Entwicklungsparameter besser abschneiden würden. Dennoch müssen sie eingestehen, dass es vor allem die Qualität ist, die über diese Effekte entscheidet. Insofern betonen sie die Notwendigkeit, sowohl in qualitativer wie auch in quantitativer Hinsicht die Krippenbetreuung intensiv zu verbessern.

Kritiker gehen ebenso vom Kind aus und seinen persönlichen Bedürfnissen. Die zentrale Frage lautet hier: Welches Angebot ist für die Bildung des Kindes am besten? Eindeutig ist bei vergleichbarer Qualität die Erziehung durch die Mutter immer wirksamer als die in einer Institution – ein Ergebnis der weltweit bekannten NICHD-Studie.[3] Eine im Jahr 2018 publizierte Übersicht kommt daher zu dem Schluss: »Gruppenbetreuung in den ersten drei Lebensjahren führt zu chronischer Stressbelastung mit Folgen.«[4] Diese Feststellung wird auf verschiedenen Ebenen belegt:

Die Einstellung der Betroffenen

Im Jahr 2007 gaben in einer Studie 81 Prozent aller Interviewten auf die Frage, wo denn ein Kind in den ersten drei Lebensjahren am besten aufgehoben sei, die Antwort: »Zu Hause bei Mutter und Vater.«[5] 16 Prozent entschieden sich für die Kinderkrippe. Auch 2012 änderte sich diese Einstellung nicht. Bei diesen Umfragen stand das Wohl des Kindes im Zentrum. Wird hingegen der Wunsch der Eltern nach einem Krippenplatz erfragt, zeigen sich Werte um 40 Prozent. Das bedeutet, dass viele Eltern davon ausgehen, keine Wahl zu haben.

Expertenmeinung

Die Bindungsforscherin Karin Grossmann stellt in einem Übersichtsartikel zum Thema fest: »Aus der Sicht der Bindungstheorie muss man die ganztägige Betreuung von Kindern unter drei Jahren unter Gruppen gleichaltriger Kinder mit größter Skepsis sehen.«[6] Ebenso resümiert die britische Entwicklungspsychologin Penelope Leach: »Studienergebnisse aus der ganzen Welt zeigen ziemlich eindeutig, dass, je weniger Zeit Kinder unter drei Jahren in Gruppenbetreuung verbringen, desto besser dies für sie ist.«[7]

Kohortenstudien

Aus der Vielzahl von Krippenstudien wollen wir eine amerikanische und eine multizentrische europäische Studie besonders hervorheben.

Die US-Studie[8] zeigt zweierlei: Einerseits bewirkt die frühkindliche Gruppenbetreuung bei hoher Betreuungsqualität leichte Verbesserungen von kognitiven Testergebnissen. Andererseits gibt es einen linearen Zusammenhang zwischen dem zeitlichen Umfang der außerfamiliären Betreuung und der Zunahme von Verhaltensstörungen in Form von aggressiv-impulsivem Verhalten. Die Effektstärken von dreißig und mehr Wochenstunden Gruppenbetreuung sind vergleichbar mit denen von Armut oder körperlicher Misshandlung. Eine hohe Betreuungsqualität konnte diese Korrelation nicht aufheben. Beide Phänomene waren auch nach einer Nachuntersuchung im Alter von fünfzehn Jahren festzustellen.

Die europäische Studie[9] zeigte eine signifikante Korrelation zwischen der Zunahme außerfamiliärer Gruppenbetreuung und dem Anstieg von aggressiven und hyperaktivem Verhalten sowie auch ängstlich-depressiven Charakterzügen.

Zahlreiche Studien kommen zu ähnlichen Schlussfolgerungen. Offensichtlich ist im frühen Kindesalter eine umfangreiche außerfamiliäre Tagesbetreuung mit geringerer

Sozialkompetenz und Kooperationsfähigkeit, vermehrtem Problemverhalten, schlechter Stimmungslage, aggressivem und konflikthaftem Verhalten verbunden.

Das Québec-Experiment

Experimentelle Studien, die auch in wissenschaftlicher Hinsicht Beweiskraft haben, gibt es in diesem Zusammenhang naturgemäß selten. Eine quasiexperimentelle Studie aus Québec[10] zu einem allgemeinen, qualitätskontrollierten und hochsubventionierten Bildungs- und Betreuungsprogramm für alle null- bis vierjährigen Kinder stellt eine Ausnahme dar.

Dieses Programm wurde Mitte der Neunzigerjahre ausschließlich in Québec eingeführt, während alle anderen kanadischen Bundesstaaten ihre Politik im Bereich früher Bildung und Betreuung nicht veränderten. Hier liegen erste Ergebnisse vor. In Québec zeigen sich im Vergleich zu den übrigen Bundesstaaten im Verlauf von über fünfzehn Jahren signifikante Verschlechterungen in folgenden Bereichen: Angst, Aggressivität, Hyperaktivität, familiäre Interaktionsmuster, Zufriedenheit, Lebensqualität und Kriminalitätsraten. Jungen waren besonders betroffen.

Weitere Anhaltspunkte

Im Jahr 2014 hat die Nationale Akademie der Wissenschaften[11] ausdrücklich gefordert, dass alle Maßnahmen, die kleine Kinder betreffen, nicht nur aus ökonomischer, soziologischer und pädagogischer, sondern auch aus psychologischer und biologischer Perspektive zu beurteilen sind. In diesem Zusammenhang ist der Hinweis wichtig, dass ein Großteil von Kindern in frühkindlicher Krippenbetreuung erheblichen Stressbelastungen ausgesetzt ist. Dies lässt sich beispielsweise durch Hormonmessungen belegen.

Auch die Forschung an Primaten zeigt: Kurz dauernde Trennungen der Jungtiere von den Eltern (einmal pro Woche für eine Stunde) sind entwicklungs- und resilienzfördernd (mehr zur Resilienz finden Sie im Kapitel »Tobias will nie mehr in die Schule gehen«). Tägliche länger dauernde Trennungen führen hingegen zu Verhaltensstörungen und verminderter Stressresistenz.

Kritiker stellen fest, dass Kinder in den ersten drei Lebensjahren in Kitas nicht gut aufgehoben sind.

Natürlich muss im Einzelfall jede Familie, jeder allein oder getrennt erziehende Elternteil eine sinnvolle Entscheidung treffen, die das eigene und das Interesse der Kinder berücksichtigt. Kinderkrippen sind keine Patentlösung, ebenso wenig wie die ausschließliche Erziehung zu Hause. Die Vereinbarkeit von Berufs- und Familienleben bleibt eine große Aufgabe, die nicht auf dem Rücken der Kinder gelöst werden darf. Gleichberechtigung von Mann und Frau und die Vereinbarkeit von Berufs- und Familienleben sind seit mindestens fünfzig Jahren Gegenstand der öffentlichen Diskussion. Oft entstand der Eindruck, dass dieser Diskurs vor allem im Hinblick auf die wirtschaftliche Situation Deutschlands geführt wurde. Im Zeichen des Wirtschaftswunders und des Arbeitskräftemangels waren Frauen als Arbeitskräfte begehrt, dementsprechend war Stillen verpönt, ebenso wie die Bindung der Frau an Haus und Herd. Zu anderen Zeiten entdeckte man die Schönheit des Familienlebens neu …

Wir halten es für wichtig, dass die Rolle der Kinder in dieser Diskussion nicht in Vergessenheit gerät. Ein Kinderbetreuungsgeld ist keine Herdprämie. Die Bertelsmann-Stiftung hat nachgewiesen, dass dieses Geld auch wirklich den Kindern zugutekommt.[12]

Zurück zu unserer »ganz normalen Familie«, den Reinhardts. Wie sieht ihre Zukunft aus?

Den Schwestern reicht's:
»Müsst ihr euch denn immer streiten?«

Bei Familie Reinhardt:
Episode Nr. 2

Klara und Georg waren mit besten Vorsätzen ans Werk gegangen. Nicht etwa, dass sie den Sinn der Ratschläge nicht verstanden und gern rasch umgesetzt hätten, die Tobias' Lehrerin und der Kinderarzt der Familie den beiden bei verschiedenen Beratungsterminen mitgegeben hatten. Aber es ist schwieriger, als sie dachten.

Klaras Versuche, Tobias in die allgemeinen Familienpflichten mit einzubeziehen, sind anstrengend, enden häufig mit lautstarken Auseinandersetzungen und werden deshalb oft nicht konsequent verfolgt. Wenigstens aber sind fast alle beteiligt. Georg, das Oberhaupt der Familie, versucht immer wieder, Ruhe in die Situation zu bringen, glänzt aber öfter durch Abwesenheit, da er Streitereien, wie er sagte, »hasst«. Die Schwestern sind ebenfalls pädagogisch aktiv. Jeder gibt sich also größte Mühe, zumindest der eigenen Überzeugung nach, in Wirklichkeit hat sich aber nur sehr wenig geändert.

Klara hat immer noch den Eindruck, dass fast die ganze Last der Kindererziehung weiterhin auf ihren Schultern ruht, und zwar nicht nur in Hinblick auf Tobias, ihr Problemkind, sondern jetzt auch noch hinsichtlich der beiden Schwestern. Georg wiederum ist beruhigt, weil Klara nun auch von anderen, noch dazu von Fachleuten – Kinderarzt, Logopäde und Lehrerin –, wertvolle Hinweise bekommen hat, die, zwar ein bisschen anders formuliert, grundsätzlich auch er ihr seiner Meinung nach schon früher gegeben hatte, zumindest aber hätte geben können. Sie müsse jetzt einfach entsprechend handeln.

Als Tobias seinen Eltern einen Brief aus der Schule nach Hause bringt, in dem sich die Lehrerin über den mangelnden Fortschritt des Jungen Sorgen macht, brechen die elterlichen Konflikte offen aus. Sie reichen tief: Der Hauptvorwurf der Mutter lautet, dass sich der Vater noch nie um die Kinder gekümmert, eigentlich gar kein drittes Kind gewollt, immer nur seinen Beruf im Kopf gehabt und ihr gemeinsames Zuhause vollkommen vernachlässigt hätte. Ob er wohl vollkommen vergessen habe, dass auch sie ein vielversprechendes Berufsleben in Aussicht gehabt, dies aber zugunsten ihrer Kinder zurückgestellt habe? Der Vater ist, wie viele Männer in ähnlichen Situationen, von der Wucht der Vorwürfe seiner Frau überrascht und meint, dass irgendeiner in der Familie schließlich das Geld verdienen müsse, sein Beruf momentan sehr anstrengend sei und Klara vielleicht doch etwas übertreibe.

Wertvolle Zeit geht verloren durch Auseinandersetzungen, die oft weit bis in die Nacht hinein andauern, manchmal unvermittelt auch mitten in der Nacht ausbrechen. Es wird auch laut. Gemeinsame Ausflüge und Verwandtenbesuche bleiben davon nicht verschont. Jederzeit kann aus nichtigem Anlass eine Generalabrechnung beginnen. Den Eltern gelingt es nicht, sich auf ein Thema zu konzentrieren, die Kinder werden als Zeugen für Aussagen des einen oder anderen Elternteils aufgerufen.

Eines Tages, nach einer durchstrittenen Nacht, finden die beiden Eltern je einen Brief ihrer Töchter vor, den sie ihnen auf den Frühstücksteller gelegt haben. Textgleich stand in beiden Briefen: »Uns reicht's allmählich! Müsst ihr euch denn immer streiten?«

Liebe Eltern, vielleicht kennen Sie ähnliche Situationen. Wir würden gern folgende Bereiche näher betrachten.

Das Dreieck der Mutter-Kind-Vater-Beziehung

Erziehung findet im Dreieck der Mutter-Kind-Vater-Beziehung statt. In der Pädagogik spricht man von einer Trias, in der systemischen Familientherapie von Triangulierung: Nicht nur der Dialog zwischen Müttern und Kindern ist wichtig, sondern auch zwischen Vätern und Kindern und vor allem Müttern und Vätern.

Die Reinhardts sind da keine Ausnahme: Immer noch gilt die Erziehung der Kinder als »Frauensache«. Väter ziehen sich oft zurück und überlassen das Feld des Handelns ihren Gattinnen. Die Gründe für diese Rollenverteilung sind vielfältig. So wird argumentiert, dass Frauen doch eine größere Nähe zu den Kindern hätten, geduldiger mit ihnen umgehen könnten und von Natur aus mehr Gespür für Kinder aufbrächten. Nur scheinbar gibt die Forschung diesen Positionen recht. So konnte beispielsweise in Studien nachgewiesen werden, dass der Bildungserfolg eines Kindes vor allem vom Bildungsabschluss der Mutter abhängt und es bei den Vätern nahezu keinen Unterschied macht, ob der leibliche, der Patchwork- oder gar kein Vater bei der Erziehung zuschaut. Aber das eigentliche Problem liegt hier: Solange Väter sich *nicht einbringen*, können sie keinen Einfluss haben. Eher ist es so, dass, sobald Väter etwas kritisieren, wozu sie keinen Beitrag leisten, dies von Müttern häufig als Angriff wahrgenommen wird. Selbst wenn die Kritik konstruktiv und gut gemeint ist.

Wie zeigt sich der Ausweg aus dieser Problematik? Zunächst ist festzuhalten, dass Väter einen ebenso großen Einfluss auf Kinder ausüben können wie Mütter. Es gibt – bis auf ganz wenige Ausnahmen – keinen Hinweis darauf, dass Väter etwas nicht so gut können wie Mütter. Sie können in gleicher Weise wie Mütter mit den Kindern sprechen, spielen, basteln, malen, singen und vieles andere mehr. Sie können in gleicher Weise wie Mütter den Kindern Manieren am Tisch und auch außer Haus beibringen, sie zum Aufräumen erziehen und ihnen auch den Kopf streicheln, wenn die Sorgen und Nöte groß sind. Die einzige Voraussetzung dafür ist: Väter müssen ihre Rolle als Erzieher annehmen!

Erziehung ist nicht, wie man gern meint, eine dialogische Struktur, bestehend aus Mutter und Kind. Und es ist auch nicht ausreichend, angesichts des Gesagten zu folgern, dass die Beziehungsebene zwischen Vater und Kind *hinzukommt*. Denn Erziehung *ist* im Kern eine Trias: Vater, Mutter und Kind leben *gemeinsam*. Funktionierende Dreierbeziehungen sind für eine lebendige Familienstruktur und die Entwicklung der Kinder bedeutsam. Auf die Phase der Symbiose zwischen dem Säugling und seiner Mutter folgt relativ rasch die Phase der Triangulierung, in der das Kleinkind lernt, mit zwei unterschiedlichen Bezugspersonen umzugehen. Säuglinge verfügen bereits im Alter von drei Monaten über eine ausgeprägte triangulierende Kompetenz.

Konkret bedeutet dies, dass sich der Säugling im Falle

eines Konflikts mit der Mutter (zu wenig Zuwendung, kein ausreichendes Essen oder Trinken, immer noch nasse Windel und so weiter) an den Vater wenden kann und umgekehrt die Mutter zuständig ist, wenn der Vater die Ansprüche des Kindes nicht erfüllen kann oder will. Man ist als Kleinkind nicht einem Elternteil auf Gedeih und Verderb ausgeliefert. Dies fördert die Entwicklung einer eigenständigen Persönlichkeit, auch die der Intelligenz.

Voraussetzung für das Gelingen der Triangulierung ist natürlich, dass die Eltern einigermaßen gute Beziehungen zueinander unterhalten. Massiver destruktiver Streit oder Beziehungslosigkeit zwischen ihnen führt nicht selten zu Entwicklungsstörungen der Kinder. In größeren Familien mit mehreren Kindern tritt die Bedeutung der Eltern etwas zurück, da auch zu anderen Familienmitgliedern triangulierende Beziehungen aufgebaut werden können.

Angesichts dieses Zusammenhangs zeigt sich, dass erfolgreiche Erziehung nicht nur in der Interaktion mit dem Kind gründet, sondern auch und vor allem von der Interaktion der Eltern geprägt wird. Es lohnt sich also, sich dieser Interaktion zu widmen und in alle Fragen der Erziehung Zeit zu investieren. Dabei gilt es, sowohl einfache als auch komplexe Fragen zu diskutieren: Wer bringt die Kinder wann ins Bett? Wann putzen die Kinder die Zähne? Gibt es Saft zum Essen oder nur Wasser? Wer kontrolliert die Hausaufgaben? Wer räumt mit dem Kind das Zimmer auf?

Bei all diesen Fragen geht es nicht nur um etwas Sichtbares, sondern im Kern um Bildung: Welche Haltungen und Kompetenzen soll das Kind eigentlich erlernen? Was ist den Eltern wichtig in der Erziehung? So einfach diese Fragen auf den ersten Blick erscheinen, auf den zweiten Blick kann sich nur allzu schnell zeigen, wie facetten- und spannungsreich sie sein können. Der Austausch über Grundsätze der Erziehung ist für Eltern also unabdingbar. Dieser schafft erstens mehr Kohärenz in den Maßnahmen, weil zwei Köpfe mehr denken können als einer, und zweitens auch mehr Kollektivität, weil erzieherische Herausforderungen gemeinsam besser bewältigt werden können.

Mangelnde oder falsche Kommunikation

Nicht miteinander zu reden ist ein häufiger Grund für Streit oder Entfremdung. Georg hat vielleicht geglaubt, sein Schweigen zu manchen Fragen der Erziehung diene dem Familienfrieden, da er sich ja ohnehin nicht durchsetzen könne und seine Meinung kaum zählen würde. Er hatte es so arrangieren wollen, dass er seine Frau »die Sache mit den Kindern« erledigen ließe und sich nur dann einmischen würde, wenn es denn nötig sei. Er hatte sich offensichtlich getäuscht. Den größten Fehler, den wir machen können, ist, zu glauben, nicht kommunizieren zu müssen oder zu können. Der Kommunikationswissenschaftler, Philosoph und Psychotherapeut Paul Watzlawick hat solche Gedanken mit den Worten pointiert, *man könne nicht nicht kommunizieren.*
Diesen Grundsatz bezeichnet er als »erstes Axiom«. Insofern ist jedes Verhalten eine Form der Kommunikation. Alltagssprachlich findet dieser Gedanke übrigens auch seinen Niederschlag in der Redewendung: »Keine Antwort ist auch eine Antwort«. Gerade in Konfliktsituationen müssen wir uns daher darüber im Klaren sein, dass jedes Verhalten, das wir an den Tag legen, als Kommunikation wahrgenommen wird. Wenn Georg beispielsweise auf das Leiden

seiner Frau, das sie im Zusammenhang mit der Erziehung ihrer Kinder verspürt und ihm mitteilt, nur mit Schweigen antwortet, dann ist die Gefahr groß, dass sich Klara alleingelassen fühlt. Und damit kommen weitere Grundsätze (bei Watzlawick die Axiome zwei bis fünf) ins Spiel:

- *Jede Kommunikation hat einen Inhalts- und einen Beziehungsaspekt.* Selbst wenn wir gerade in Konfliktsituationen glauben, sachlich zu argumentieren, muss uns bewusst sein, dass wir immer auch Botschaften senden, die das Miteinander betreffen. Allein schon die Klarstellung eines Sachverhalts, beispielsweise die Entgegnung der Mutter auf einen Vorwurf des Kindes, spielt sich *auch* auf der Beziehungsebene ab.
- *Kommunikation ist immer Ursache und Wirkung.* Was dabei bei wem in der Kommunikation vorausgeht, lässt sich oft nicht eindeutig klären: Rollt das Kind mit den Augen, weil der Vater schimpft? Oder schimpft der Vater, weil das Kind mit den Augen rollt? Schnell ist man in einem Teufelskreis – dieser lässt sich nur durchbrechen, wenn man nach vorn gerichtet argumentiert und nach Lösungsansätzen sucht.
- *Jede Kommunikation bedient sich analoger und digitaler Modalitäten.* Achtung: »Analog« und »digital« meint hier nicht »mit oder ohne Technik«! Was Watzlawick damit zum Ausdruck bringt, ist, dass Kommunikation nicht nur auf der sprachlichen Ebene abläuft (digital), sondern immer auch von Gestik und Mimik (analog) begleitet wird. Während Sprache meistens – sicherlich nicht immer – leicht zu verstehen ist, sind Gestik und Mimik oft mehrdeutig und unterschiedlich interpretierbar.
- *Jede Kommunikation beruht entweder auf symmetrischen oder*

komplementären Beziehungen. Gesprächspartner können in einer Situation auf Augenhöhe, also symmetrisch, argumentieren, oder sie befinden sich in einem hierarchischen, komplementären Verhältnis. Und ohne Zweifel nimmt dieses Verhältnis nicht nur Einfluss auf das, was gesagt wird, sondern auch darauf, *wie* es gesagt wird – und noch wichtiger: wie es aufgenommen und verstanden wird.[13]

Wohin fehlende oder fehlgeleitete Kommunikation führen kann, zeigt auf amüsante Weise das Beispiel der »Geschichte mit dem Hammer« von Paul Watzlawick:

*Ein Mann will ein Bild aufhängen. Den Nagel hat er, nicht aber den Hammer. Der Nachbar hat einen. Also beschließt unser Mann, hinüberzugehen und ihn auszuborgen. Doch da kommt ihm ein Zweifel: Was, wenn der Nachbar mir den Hammer nicht leihen will? Gestern schon grüßte er mich nur so flüchtig. Vielleicht war er in Eile. Aber vielleicht war die Eile nur vorgeschützt, und er hat etwas gegen mich. Und was? Ich habe ihm nichts angetan; der bildet sich da etwas ein. Wenn jemand von mir ein Werkzeug borgen wollte, ich gäbe es ihm sofort. Und warum er nicht? Wie kann man einem Mitmenschen einen so einfachen Gefallen ausschlagen? Leute wie dieser Kerl vergiften einem das Leben. Und dann bildet er sich noch ein, ich sei auf ihn angewiesen. Bloß weil er einen Hammer hat. Jetzt reicht's mir wirklich. – Und so stürmt er hinüber, läutet, der Nachbar öffnet, doch noch bevor er »Guten Tag« sagen kann, schreit ihn unser Mann an: »Behalten Sie sich [sic!] Ihren Hammer, Sie Rüpel!«[14]

Kommunikation
über Erziehung auf vielen Ebenen

Bei den Reinhardts dauerte es oft nur wenige Minuten, bis sich die Eltern auch bei vermeintlich banalen Fragen des Umgangs mit den Kindern in den Haaren lagen. Dabei wähnten sich Klara und Georg immer beide im Recht, und zwar auch bei konträren Ansichten. Sprachen beide getrennt voneinander mit ihren Freundinnen oder Freunden, so wurden sie immer im eigenen Standpunkt bestätigt. Trotzdem kamen sie selten zu einer Einigung. Das Vier-Ohren-Modell des Psychologen und Kommunikationswissenschaftlers Friedemann Schulz von Thun könnte hier hilfreich sein, denn es erklärt, weshalb Gespräche über kritische Themen wie die Erziehung der eigenen Kinder oft zu Streit führen oder scheitern.[15]

So wichtig die gemeinsame Kommunikation über Erziehungsfragen ist, so deutlich zeigt sich auch, dass die Komplexität der Fragen nicht selten Dissens provoziert. Um diesen von vornherein besser in den Blick nehmen zu können, kann man nach besagtem Vier-Ohren-Modell vorgehen, das auch als »Kommunikationsquadrat« bezeichnet wird. Es ist mittlerweile ein Klassiker der Gesprächsführung – was aber nicht bedeutet, dass es alle kennen, geschweige denn beherrschen. Dabei werden vier Ebenen einer Kommunikation unterschieden, bei denen jede für sich genommen wichtig ist und nicht übersehen werden darf:

- erstens die *Sachebene*, die die Daten und Fakten enthält,
- zweitens die *Ebene der Selbstoffenbarung*, auf der der Sprecher bewusst oder unbewusst seine Motive und Emotionen weitergibt,

- drittens eine *Beziehungsebene*, die ausdrückt, in welchem Verhältnis der Sprecher zum Zuhörer steht, und
- viertens die *Ebene des Appells*, die einen Wunsch oder eine Handlungsaufforderung enthält.

Nehmen wir zur Verdeutlichung die folgende Aussage eines Vaters zu Beginn eines fiktiven Gesprächs mit der Mutter: »Ständig schimpfst du mit dem Jungen beim Zubettgehen.« Der Vater möchte auf der Sachebene mitteilen, dass das Zubettgehen nicht funktioniert. Dabei stellt sich heraus, dass der Sohn aus Sicht des Vaters zu Unrecht beschimpft wird und ihm dieser daher leidtut – eine Aussage auf der Ebene der Selbstoffenbarung. Da die Mutter auf der Beziehungsebene in der Lage ist, durch anderes Handeln Abhilfe zu schaffen, formuliert der Vater damit auch den Appell, dass er sich mit ihr gern über das Zubettgehen austauschen würde.

Wenn der Vater der Lehrerin gegenüber äußert, dass sein Sohn zu viel Hausaufgaben aufbekommen hat, sendet er gleichzeitig vier Botschaften:

- *Auf der Sachebene*: Es waren zu viel Hausaufgaben.
- *Als Selbstoffenbarung*: Ihm tut der Sohn leid.
- *Als Beziehungsappell zur Lehrerin:* Sie als Lehrkraft könnte Abhilfe schaffen, er als Vater nicht.
- *Als Handlungsappell*: Die Lehrerin möge in Zukunft weniger Hausaufgaben geben.

Es wird sicherlich nicht nötig und auch nicht möglich sein, jede Aussage mithilfe des Vier-Ohren-Modells zu analysieren. Aber von Zeit zu Zeit und besonders in kritischen Situationen erweist sich dieser reflektierte Blick auf Gesprächssituationen als hilfreich, um gemeinsam Lösungen zu finden. In guten Zeiten hatte sich das Ehepaar Reinhardt blendend verstanden, auf allen Ebenen, ganz ohne Vier-Ohren-Modell. Das ist aber eine ganze Weile her!

Strukturiert miteinander reden:
die Familienkonferenz

Nach den heftigen Streitereien war den Eltern klar, dass sie sich Hilfe von außen holen mussten. Sie suchten einen Familientherapeuten auf, damit er der Familie Wege zeige, wie man im gemeinsamen Gespräch zu sinnvollen Lösungen kommen kann. Er berief sich auf Thomas Gordon, einen US-amerikanischen Pionier der humanistischen Psychologie, der vielfach für seine Arbeit ausgezeichnet und dreimal für den Friedensnobelpreis nominiert worden war. Gordons Hauptwerk *Familienkonferenz* war im Original schon 1970 erschienen und ist ein Klassiker, dessen Wirksamkeit in umfangreichen Studien belegt wurde.[16] In dieser Familienkonferenz werden Probleme der Familie von allen Beteiligten offen besprochen. Jeder hat Zeit genug, seine Sicht der Dinge angstfrei und ohne Bevormundung vorzutragen. Anschließend sucht man gemeinsam und »gewaltfrei« nach Lösungen, deren Durchführung regelmäßig kontrolliert wird. Der Familientherapeut führte bei dem ersten Treffen der Reinhardts den Vorsitz und empfahl, ähnliche Gespräche in Zukunft selbst zu gestalten, bot aber an, gern jederzeit erneut zu helfen, falls erneut größere Schwierigkeiten auftreten sollten.

Viele Familientherapeuten berufen sich auf Gordon. Sein Buch *Familienkonferenz* war und ist Ausgangspunkt von zahlreichen Behandlungsstrategien. Besonders wichtig sind folgende Ziele:

- die eigene Elternrolle verstehen,
- der Aufbau einer guten Beziehung,
- Offenheit und Ehrlichkeit durch Ich-Botschaften,
- Sicherheit und Vertrauen durch klares Handeln,
- dem Kind helfen, seine Probleme zu lösen,
- das Kind veranlassen, sein Verhalten zu ändern,
- mit dem Kind Konflikte lösen,
- vermitteln, wenn Kinder streiten, und
- mit Wertvorstellungen umgehen.

Auch in unserer kinderärztlichen Praxis finden wir uns oft zu einer Familienkonferenz nach seinem Vorbild zusammen. Unter Anleitung eines der Ärzte wird versucht, eine neue, andere Art der Gesprächskultur einzuüben. Die Ausgangssituation ist oft verfahren: Während eines Streits in der Familie reden alle, möglichst alle gleichzeitig, keiner hört den anderen zu, Lösungen, sinnvolle Vereinbarungen oder gar eine Versöhnung rücken in weite Ferne. Das Bemühen, Struktur in solche Gespräche zu bringen, kann durchaus als Ordnungstherapie verstanden werden.

Wir gehen folgendermaßen vor: Jedes Familienmitglied kann zu einem Thema, das ihm wichtig ist, eine Familienkonferenz einberufen. Die anderen müssen sich mit ihm innerhalb von drei Tagen auf einen passenden Zeitpunkt einigen. Alle Familienmitglieder müssen daran teilnehmen. Wer die Zusammenarbeit verweigert, muss akzeptieren, was die Mehrheit der anderen beschließt. Am Beginn der Konferenz hat derjenige, der sie einberufen hat, als Erster das Rederecht. Er bekommt einen Gegenstand (eine Puppe, einen Stein) in die Hand, den er behält, bis er zu Ende gesprochen hat. Am Beginn seiner Rede soll er sein Problem darstellen, möglichst ohne andere zu beschimpfen oder zu beleidigen. Solange er den Gegenstand in der Hand hält, hat er das alleinige Rederecht, niemand darf ihn unterbrechen. Die nachfolgenden Redner melden sich durch Handzeichen an, warten aber, bis der erste ausgesprochen hat. Der übergibt dann den Gegenstand seinem Nachredner. Dieser muss zunächst auf den Vorredner eingehen, indem er wiedergibt, was er verstanden hat, und erst danach darauf antworten.

Vor allem in konfliktträchtigen Konstellationen reden gegnerische Parteien oft stundenlang, im Extrem jahrelang, aneinander vorbei. Die erste Grundregel bei Wortwechseln, die zu Streit führen können, lautet deshalb: Der Angesprochene verschafft sich vor jeder Gegenrede Klarheit darüber, ob er den Inhalt der Rede auch richtig verstanden hat, bevor er antwortet. Dies geschieht wie gesagt durch eine kurze Wiedergabe des Inhalts oder kurzes, nicht wertendes Nachfragen.

Erst danach kann und darf er seine eigene Meinung vortragen, bis er den Gegenstand an den nächsten Redner weitergibt. Persönliche Angriffe und Beleidigungen sind auch dadurch zu vermeiden, dass sogenannte Ich-Botschaften die Regel sein sollten (also etwa nicht: »Du hast mich missverstanden«, sondern besser: »Ich bin mir nicht sicher, ob ich das richtig rübergebracht habe«).

Ziel der Konferenz ist eine Verabredung, die zur Lösung des eingangs genannten Problems beiträgt. Sinnvoll sind kleine Schritte, die eingehalten werden können und deren Einhaltung auch überprüft wird. Sie sind allemal besser als große Versprechungen, die niemand halten kann (und will).

Manche Eltern befürchten, dass ihre Kinder die ihnen zugebilligte Redezeit ausnutzen. In der Regel ist diese Sorge unberechtigt. Sollte das trotzdem passieren, lässt sich auch das Problem lösen: in einer weiteren Familienkonferenz.

Die erste Familienkonferenz ist ein Erfolg! Sarah, die ältere Schwester, ergreift als Erste das Wort. Sie vertritt die Meinung, dass der Streit der Eltern die ganze Familie zerstöre. Sie könne keine Freunde mehr nach Hause einladen, da die Eltern keine Zeit hätten und ihr Verhalten nur noch peinlich sei. Sie halte beide Eltern für »doof« und wolle nicht entscheiden, wer denn »doofer« sei. Außerdem finde sie es ungerecht, wenn sich die ganze Familie nur um Tobias' Schulprobleme kümmere, *sie* habe den Übergang aufs Gymnasium schließlich ohne irgendeine besondere Unterstützung meistern müssen, und um ihre kleinere Schwester, die demnächst auch aufs Gymnasium wechseln solle, würde sich ebenfalls niemand kümmern.

Tobias kann kaum zuhören. Mehrfach versucht er, Sarah zu unterbrechen, sie würde immer so lange reden, dass er alles vergesse, was er sagen wolle. Der Leiter der Konferenz muss mehrfach eingreifen. Erst der Hinweis, dass Störer die Konferenz verlassen müssten und dann nicht mehr mitreden könnten, bewegt ihn, sich an die Regeln zu halten. Es gelingt ihm auch − fast. Er darf als Zweiter sprechen, findet Streiten schlimm und beklagt sich über die strenge Lehrerin und einzelne Schulkameraden, die ihn ärgerten.

Wie besprochen warten alle anderen Familienmitglieder, bis die beiden zu Ende gesprochen haben. Die Mutter hatte sich als Dritte angemeldet und trägt vor, dass sie ihre beiden Kinder sehr gut verstehen könne, aber bisher keine Lösungen gefunden habe. Sie hoffe sehr, dass das gemeinsame Gespräch dazu beitrage. Auch der Vater verhält sich kooperativ: Nachdem er seiner Frau und Sarah signalisiert hat, dass er ihren Standpunkt verstehen könne, teilt er seiner Familie mit, dass er nicht nur die Sitzung beim Familientherapeuten mitorganisiert, sondern sich auch persönlich habe beraten lassen. Er sei zu dem Schluss gekommen, dass er sich mehr zu Hause einbringen und dafür den einen oder anderen Sondereinsatz in der Stadtverwaltung nicht annehmen wolle, auch wenn möglicherweise seine Karriere darunter litte. Sein dringendster Wunsch aber sei, mit seiner Frau ein paar Tage allein in Urlaub zu fahren, so wie damals, als sie beide noch jung gewesen seien.

Silvia fällt es auch sichtbar schwer, so lange zu warten, bis die anderen endlich ausgeredet haben, aber es gelingt ihr. Sie wiederholt im Wesentlichen den Standpunkt der Schwester, zeigt allerdings viel Verständnis für Tobias. Sie finde Schule auch »blöd«, noch dazu, wenn jetzt alle Kinder büffelten, um den Übertritt ins Gymnasium zu schaffen.

Familienkonferenzen werden zu einem eigenen Ritual bei den Reinhardts. Man versammelt sich in regelmäßigen Abständen für etwa eine Stunde, jedes Familienmitglied beglückt die anderen mit einem kleinen Imbiss, auch Georg und Tobias. Und obwohl die Meinungen der Eltern und der Kinder unterschiedlich bleiben, ist immer klar, dass alle sich mögen. Die Reinhardts sind auf dem besten Weg, eine positive und zielführende Streitkultur zu entwickeln.

Was können wir
von den Reinhardts lernen?

Die Reinhardts hatten sich redlich bemüht, aber jeder nur für sich. Beide Eltern mögen ihre Kinder, doch Vater und Mutter vertraten offensichtlich unterschiedliche Erziehungs- und Lebenskonzepte. Statt einer harmonischen kooperierenden Gemeinschaft boten sie das Bild einer zerstrittenen Familie, in der wechselnde Koalitionen aufeinanderprallen.

Zwei starre Bündnisse waren in der Familie zu beobachten: Mutter und Kind kämpften gemeinsam gegen den Vater, die beiden Schwestern gegen den kleinen Bruder. Tobias' Schul- und Sprachprobleme sind möglicherweise die Folge dieser problematischen Familiendynamik und nicht die Ursache. Auf jeden Fall kann der Teufelskreis von Elternstreit und Schulproblem nur aufgelöst werden, wenn beide Problemkreise beachtet werden.

Bei den Reinhardts war es wichtig, nicht nur isoliert die Schulprobleme des Jüngsten zu betrachten, sondern die Familie als Ganzes. Die anderen Beteiligten, also Kinderarzt, Logopäde und Lehrerin, konnten die Familie dabei sinnvoll unterstützen. – Es ist wieder Zeit für eine Zwischenbilanz:

• Was auf den ersten Blick wie eine sinnvolle Arbeitsteilung zwischen Eltern wirkt, kann Ausdruck einer Störung dieser Familie sein, wenn sich beide Eltern nicht auf ein gemeinsames Lebens- und Erziehungskonzept einigen können. Durch Schweigen Streit vermeiden zu wollen ist ein Irrweg.
• Kommunikation findet immer auf mehreren Ebenen statt, sie ist nie nur auf den Austausch verbaler Informationen

beschränkt, sondern hat stets auch emotionale, appellative und beurteilende Komponenten.

- Familienkonferenzen (mit und ohne Hilfe von außen) sind ideale Werkzeuge, um sich eine sinnvolle Streitkultur anzueignen.

Gelingende Kommunikation ist das Herzstück einer intakten Familie im Allgemeinen und einer erfolgreichen Erziehung im Besonderen. Insofern lohnt es sich, immer wieder in Kommunikation zu investieren und sie kritisch-konstruktiv zu hinterfragen. Nur unter Einbeziehung aller Beteiligten samt ihrer Befindlichkeiten, Wünsche und Interessen, Sorgen und Ängste lässt sich ein gelingender Umgang miteinander realisieren.

»Mein Kind muss aufs Gymnasium!«

Bei Familie Reinhardt:
Episode Nr. 3

Sosehr sich die beiden Schwestern ähneln und meistens einig sind in ihrer Einschätzung der Familie insgesamt und insbesondere des kleinen Bruders, so sehr gibt es auch Unterschiede: Sarah hatte etwas früher zu reden begonnen als Silvia, war immer ein wenig ehrgeiziger gewesen, konnte grandiose Wutanfälle produzieren und gab meistens den Ton an, wenn die Schwestern gemeinsam außerhalb der Familie auftraten. Aber sie sind gut zueinander. Silvia ist sehr tierlieb, kann stundenlang träumen und mit ihren Puppen spielen. Sarah hat den Übergang in das neusprachliche Gymnasium in der Nähe gut geschafft. So gibt es für die Eltern auch keinen Zweifel daran, dass alle ihre Kinder klug und fleißig genug seien, die höhere Schule zu besuchen. Schließlich war das Tradition in der Familie, zumindest in der Familie des Vaters.

Erste Zweifel an diesem Konzept tauchen auf, als Silvia während des Übertrittjahrs zunehmend an Bauchschmerzen leidet, die fast immer mit dem Schulbesuch zusammenhängen. Sie klagt auch darüber, dass ihre Klassenkameradinnen plötzlich viel weniger Zeit zum Spielen hätten, furchtbar ehrgeizig geworden seien und andauernd nachrechneten, ob sie denn den erforderlichen Notenschnitt für den Übertritt ins Gymnasium erreichten. Für schonende Ermahnungen, es doch ihren Freundinnen gleichzutun, hat sie wenig Verständnis. Ihre Träumerei nimmt zu, ihre Schulleistung sinkt. Der Übertritt scheint gefährdet.

Nach den Erfahrungen mit Tobias wollen die Eltern alles besser machen und googeln zunächst unter anderem Begriffe wie »Schuleignung«, »Schuleignungstest«, »Aufmerksamkeitsdefizit«, »Absenzen«, »Lernverweigerung« und »Lernstörung«. Das Ergebnis hinterlässt sie mehr oder weniger ratlos. Freunde raten dazu, einen Intelligenztest durchführen zu lassen. Die Idee, das Mädchen im Sozialpädiatrischen Zentrum (SPZ) einmal gründlich durchuntersuchen zu lassen, damit man genau weiß, woran man bei Silvia ist, wird aber verworfen, weil die Eltern diesen Schritt für diskriminierend halten. Außerdem hatte eine gute Freundin Klaras die Befürchtung geäußert, dass die – wie sie sich ausdrückte – Schulmediziner im SPZ sowieso nur Ritalin verschrieben, sie aber mit der Homöopathie beste Erfahrungen bei fast allen medizinischen Problemen habe, gegen das AD(H)S (Aufmerksamkeitsdefizit[-Hyperaktivitäts]syndrom) beispielsweise gebe es das »Zappelin«.

Liebe Leserinnen und Leser, es wird Sie kaum wundern, dass wir beide den Reinhardts geraten hätten, sich an Fachleute zu wenden. Wir wissen aber auch, dass viele Eltern dies nicht tun. Sie scheuen sich davor, klare Antworten zu erhalten, und folgen leichtfertigen Tipps aus dem Internet, die beispielsweise empfehlen, Kinder mit manifestem hyperkinetischem Syndrom ausschließlich homöopathisch zu behandeln. Sie verlieren dadurch wertvolle Zeit. Betrachten wir deshalb genau, wie die Diagnose AD(H)S gestellt oder ausgeschlossen werden kann und welche Erkrankungen wie behandelt werden.

Dabei ist AD(H)S für uns ein Beispiel vieler möglicher Problembereiche, mit denen Eltern konfrontiert werden können – vor allem dann, wenn es um den Schulübertritt geht. Insofern möchten wir es nutzen, um ein strukturiertes Vorgehen aus Elternsicht exemplarisch darzulegen und das daraus resultierende Zusammenspiel professioneller Akteure zu beschreiben. Da im Kontext von AD(H)S schnell von Ritalin gesprochen wird, wollen wir festhalten: Zur Behandlung dieser Erkrankung verfügt die Kinderheilkunde über viele Methoden, nicht nur über Ritalin! Wenn allerdings keine anderen Verfahren greifen, dann ist die reflektierte Gabe dieses oder ähnlicher Medikamente hilfreich. – Doch schauen wir uns nun folgende Bereiche an.

Lernstörungen, Schulprobleme und Aufmerksamkeitsdefizit

Fast alle Kindergartenkinder freuen sich auf ihre Einschulung. Sie beginnen ihre Schullaufbahn auch mit Freude und Begeisterung. Trotzdem können etwa 10 bis 15 Prozent auch bei ausreichender Intelligenz die Anforderungen der Schule nicht erfüllen. Dies sind beängstigende Zahlen. Ursache kann eine Lernstörung im engeren Sinn sein, wie eine Lese-Rechtschreib- oder eine Konzentrationsschwäche mit und ohne Hyperaktivität. Auch soziale Probleme, zum Beispiel in Form von Mobbing, oder seelische Beeinträchtigungen, wie autistische Entwicklungsstörungen, können Ursache von Lernstörungen sein. Die Kinder werden dem Kinderarzt oft nicht mit der Verdachtsdiagnose einer Lernstörung vorgestellt, sondern aufgrund der Symptome, die sie im Rahmen der Schulangst entwickeln, die durch Lernstörungen hervorgerufen wird. Es sind körperliche und psychische Auffälligkeiten. Dazu zählen immer wieder auftretende Bauch- und Kopfschmerzen, Schwindel, Kollapszustände, die so stark sein können, dass der Verdacht auf epileptische Anfälle aufkommt, Schlafstörungen, Essstörungen, Einnässen, Störungen des Sozialverhaltens mit Aggressivität oder mit Rückzug, Selbstverletzungen und Depressionen bis hin zum Selbstmordversuch.

Fast jedes zehnte Schulkind wird einem Kinderarzt vorgestellt, um Probleme zu lösen, die im Zusammenhang mit Lernstörungen oder Schulproblemen stehen. In Deutschland weisen etwa 5 Prozent der Kinder und Jugendlichen im Alter von drei bis siebzehn Jahren Symptome von AD(H)S auf. Die Diagnose wird bei Jungen etwa viermal häufiger gestellt als bei Mädchen. Betroffen sind bis zu 2,9 Prozent der Vorschulkinder und bis zu 7,9 Prozent der Jugendlichen.

Es wird unterschieden zwischen einem primären und einem sekundären AD(H)S. Letzteres ist Folge anderer Probleme, wie Teilleistungsschwächen, Entwicklungsstörungen, Wahrnehmungsstörungen, die dem Formenkreis des sogenannten Asperger-Syndroms (einer Form des Autismus) zuzuordnen sind, familiäre Interaktionsstörungen, Trennung der Eltern, Geschwisterrivalität, Mobbing, Selbstwertverlust oder Depression. Die Abklärung eines AD(H)S kann sehr zeitaufwendig sein. Der Übergang vom (noch) Normalen zum Pathologischen ist fließend. Familien, in denen ein oder mehrere Mitglieder an AD(H)S leiden, geraten oft und häufig an den Rand ihrer Belastbarkeit.

Auch hier schaukeln sich wechselseitige Missverständnisse und gegenseitige Enttäuschung oft zu einem Teufelskreis hoch. Grob geschätzt, muss nur jedes vierte Kind, bei dem diese Diagnose vermutet wird, kinderpsychiatrisch untersucht und gemeinsam mit dem Kinderarzt versorgt werden. Vieles entpuppt sich als Entwicklungs- beziehungsweise Interaktionsstörung innerhalb und außerhalb der Familie, als Schulangst, als einfache Verhaltensstörung vor der Schulklasse oder als Fehleinschätzung durch überforderte Kindergärtner, Hortbetreuer oder Lehrkräfte. Eltern sollten aber vor einer fachärztlichen Untersuchung keine Angst haben, es gibt zahlreiche kompetente Kinder- und Jugendpsychiater, die sich liebevoll um die Kinder und ihre Eltern kümmern. Und wenn einmal ein Test nicht so gut ausfällt wie erhofft oder erwartet: Jeder Test ist nur das Ergebnis einer Momentaufnahme! Ein guter Kinderpsychiater wird Eltern das immer so erklären.

Das Aufmerksamkeitsdefizit (-Hyperaktivitäts-)syndrom (AD[H]S)

Kaum ein Krankheitsbild hat in den letzten Jahren in Deutschland die Gemüter ähnlich erregt wie die mehr oder weniger krankhafte Neigung von Kindern, Erwachsenen einfach nicht zuzuhören. Oder anders gesagt: Kaum ein Krankheitsbild hat in den letzten Jahren in Deutschland die Gemüter ähnlich erregt wie die mehr oder weniger *normale* Neigung von Kindern, Erwachsenen einfach nicht zuzuhören. Mit zunehmender Häufigkeit kommen Eltern mit der Vermutung zum Kinderarzt, ihr Kind leide an einem hyperkinetischen Syndrom oder einem Aufmerksamkeitsdefizit. Die Häufigkeit, mit der diese Verdachtsdiagnose ausgesprochen wird, ist erstaunlich und wirft ein besonderes Licht auf unseren Umgang mit Kindern. Schon vor zweieinhalb Jahrtausenden haben sich Erwachsene über Kinder beschwert, die nicht zuhören. Es handelt sich also um kein neues Problem. Heute neigen allerdings viele Erwachsene dazu, bereits die normale Unruhe von Kindern als krankhaft abzuwerten. Manche Lehrkraft macht es sich einfach, unaufmerksame Schüler als pathologisch zu bezeichnen. Hinzu kommt eine Überforderung der Lehrkraft angesichts der Konfrontation mit besonders ehrgeizigen Eltern auf der einen Seite und dem Desinteresse mancher Eltern auf der anderen. Unsere Leistungsgesellschaft übt einen großen Druck auf Kinder aus, die gewünschte Leistungen nicht vollbringen beziehungsweise nicht vollbringen können. So kann ein Teufelskreis aus Versagensängsten, familiären Konflikten, sozialer Isolierung und zuletzt Schulversagen entstehen.

Wichtig ist aber auch: Es gab und es gibt kaum Kinder, die ohne Nachdruck freiwillig die erwünschten Leistungen erbringen. Disziplin muss erlernt werden, so unangenehm und lästig dies auch für Eltern und Erzieher sein mag.

Wie gesagt: Erziehung ist *Beziehung*, und somit anstrengend und zeitaufwendig. Simple Rezepte taugen nicht, wie ein Beispiel aus der Praxis zeigt:

Ein dreijähriger Junge hat eine große Burg aus Bauklötzen gebaut, als der Kinderarzt den Untersuchungsraum betritt. Die Mutter legt ihre Zeitung zur Seite und trägt hoch erregt und ausgesprochen unruhig ihr Anliegen vor: »Herr Doktor, Herr Doktor, gibt es denn nichts Homöopathisches gegen das AD(H)S? Wir halten das nicht mehr aus: Jedes Mal, wenn wir abends vor dem Fernseher sitzen, läuft er rum und schaltet den Apparat aus!«

Wenn man diese Episode genauer betrachtet, deren Ironie der Mutter wohl entgangen ist, so wird ein klarer Interessenkonflikt erkennbar: Der Junge will kommunizieren, die Eltern wollen ihre Ruhe haben, vor allem abends vor dem Fernseher. Er wird lästig, die Eltern wollen sich nicht stören lassen. Um dem Vorwurf zu entgehen, sie würden sich nicht hinreichend um ihr Kind kümmern, schieben sie eine schwerwiegende »Diagnose« vor. Der Interessenkonflikt soll gelöst werden, indem das Kind zum Kranken gemacht wird und dadurch seine Ansprüche leicht abgewehrt werden können.

Ein Kind, das in relativ kurzer Zeit eine derart schöne und gefällige Burg aus Bauklötzen errichten konnte wie in dem Beispiel geschildert, leidet nie und nimmer an einem Aufmerksamkeitsdefizit, weder mit noch ohne Hyperaktivität. Die Konsequenzen aus der falschen Diagnose, wie vermehrte Elternarbeit, Elterntraining, Aufmerksamkeitstraining, Besuche beim Kinderarzt, beim Psychologen, im Kindergarten und so weiter, wollen die Eltern aber nicht tragen. Man sucht ein Alibi: eine Medizin, die nicht schadet. Dass sie nichts, höchstens als Placebo, nutzt, ist ohne Bedeutung. Wichtig ist die Illusion der Eltern, sie hätten etwas Sinnvolles unternommen.

Was bleibt als Nebenwirkung? Der Junge muss weiter allein spielen, seine Eltern bleiben langweilig, das Familienleben wird öde. Würde man hier ein Homöopathikum, das schaurig-berühmte Zappelin, als Placebo (ein nützliches Scheinmedikament) einsetzen, wäre es ein Nocebo (ein Medikament ohne Wirkstoff, aber mit schädlicher psychologischer Wirkung)!

Wie behandeln wir Kinder
mit Aufmerksamkeitsstörungen?

Die Behandlung von Kindern mit einem Aufmerksamkeitsdefizit bezieht immer Elternhaus und Schule mit ein. Oft helfen einfache Maßnahmen, nicht allzu selten muss aber das ganze Können von Kinderärzten, Psychiatern, Pädagogen und Psychologen aufgeboten werden. Idealerweise arbeiten Kind, Eltern, Kinderarzt und Schule eng zusammen, sodass das Kind trotz Lernstörungen und Schulschwierigkeiten wieder fröhlich in die Schule geht, die Freude am Lernen zurückgewinnt und auch bereit ist, seine Leistungen mit Selbstvertrauen unter Beweis zu stellen. Was lässt sich also tun?

Wohl an erster Stelle und oft für alle Beteiligten schwierig ist die Stärkung des Selbstwertgefühls des betroffenen Kindes: Es ist wichtig zu erfahren, was das Kind auch aus der Sicht der Eltern besonders gut kann und wo die Eltern besonders stolz auf ihr Kind sein können. Jedes Kind hat seine persönlichen Stärken, zum Beispiel kann es musikalisch, künstlerisch oder handwerklich begabt, ein guter Sportler sein oder über eine besonders hohe Sozialkompetenz verfügen.

Natürlich ist es anstrengend und zeitraubend, Kindern mit AD(H)S gerecht zu werden. Wir sollten aber das Positive, das diese Kinder mit sich bringen, nicht außer Acht lassen. Ihre Fähigkeit, sich zu begeistern, ihre erfrischende Neugier, ihre originellen Problemlösungen bringen häufig Leben in den grauen Alltag. Sie sind oft so fantasiereich, dass Gleichaltrige neben ihnen regelrecht »alt aussehen«. Sie lassen sich nicht in ein enges Schema von Gleichförmigkeit zwingen, sondern zeigen ein buntes, vielfältiges, manchmal auch sehr skurriles Bild.

Es gibt zahlreiche berühmte Persönlichkeiten, die vermutlich an AD(H)S litten und dies als besondere Begabung nutzen konnten: Bill Gates, Wolfgang Amadeus Mozart und Thomas Edison. Vielleicht gibt es auch in der Familiengeschichte der Betroffenen einen Onkel, eine Tante oder andere, die diese Besonderheit in irgendeine positive Richtung nutzen konnte. Winston Churchill beispielsweise dürfte mit dem AD(H)S behaftet gewesen sein und schrieb Geschichte. Ihm war angeblich erlaubt worden, nach jeder Unterrichtsstunde einmal ums Haus zu rennen. Andere drakonische Erziehungsmethoden, die zu seiner Zeit noch üblich waren, hatten bei ihm nichts bewirkt.

Im täglichen Umgang lassen sich manche Auffälligkeiten umdeuten. Zum Beispiel könnte man statt »Der Junge ist unaufmerksam und leicht ablenkbar« sagen: »Das Kind überwacht dauernd die Umgebung.« Statt »kurzer Aufmerksamkeitsspanne« hieße es »jederzeit aufbruchbereit«, statt »chaotisch« sagte man »flexibel« und »risikofreudig« statt »kopflos«.

Erzieherische Maßnahmen sind aber unverzichtbar! Es führt kein Weg daran vorbei, dem betroffenen Kind durch pädagogische Maßnahmen die Kontrolle über sein Verhalten zu verschaffen. Es kommt sehr auf die Disziplin der Eltern an. Das Kind sollte begonnene Spiele zu Ende spielen dürfen, es sollte nicht mitten im Satz unterbrochen werden, seine Antworten sollten abgewartet werden. Nur so lernt es, sich nachhaltig auf ein Thema zu konzentrieren, im besten Fall auch das Zuhören gegenüber seinen Eltern und Lehrkräften. Konflikten sollte man nicht aus dem Weg gehen, seien es die üblichen Auseinandersetzungen mit dem dreijährigen, allmächtigen »Kronprinzen«, der die gesamte Familie »tyrannisieren« zu können glaubt, oder mit der »verwöhnten Prinzessin«, die ihren Vater zum Leidwesen der Mutter immer wieder um den Finger wickeln kann.

Wir wollen an dieser Stelle nicht missverstanden werden: Wir reden nicht einem autoritären Erziehungsstil das Wort. Aber das Gegenteil ist sicher auch nicht zielführend. Insbesondere vom AD(H)S gefährdete oder daran erkrankte Kinder brauchen klare Strukturen. Sie müssen eine Persönlichkeit entwickeln, mit der sie selbst ihre Impulsivität im Zaum halten können. Es ist primär die Aufgabe der Eltern, ihnen bei dieser Aufgabe zu helfen. Immer jeden Streit vermeiden zu wollen und sich alles schönzureden ist keine Lösung.

Kinder mit Aufmerksamkeitsstörungen können mithilfe eines strukturierten Tagesplans (siehe die Ausführungen zur Ordnungstherapie im Kapitel »Silvias innere Emigration«) dazu angehalten werden, ihre Tätigkeiten im Voraus zu planen, sich selbst Rechenschaft darüber zu geben, wie erfolgreich sie dabei waren, und schließlich ihr Selbstbild mit der Einschätzung von Eltern und Lehrern zu vergleichen. Wir ermöglichen damit, dass die Kinder sich Gedanken darüber machen, was sie innerhalb und außerhalb der Schule erreichen wollen, wo sie Erfolge und Misserfolge erzielen – und gleichzeitig kommt es zu einer höheren und besser strukturierten Aufmerksamkeit von Eltern und Lehrern und einer realistischeren Selbst- und Fremdeinschätzung. Dieses einfache Instrument benutzen wir oft in unserer Kinderarztpraxis als Basis therapeutischer Gespräche. Bessere Erziehungskompetenz können sich Eltern in Kursen erwerben, die von fast allen auf die Behandlung von AD(H)S spezialisierten Kinderärzten oder Kinderambulanzen angeboten werden.

Erkrankungen, die gleichzeitig mit dem AD(H)S auftreten oder als AD(H)S missdeutet werden können, müssen natürlich adäquat behandelt werden. Jeder Kinderarzt verfügt je nach der individuellen Problematik seines Patienten und der Verfügbarkeit der entsprechenden Therapeuten über eine Fülle von therapeutischen Möglichkeiten, die er entweder selbst nutzen oder delegieren kann:

- *Ergotherapie* zur Besserung der Feinmotorik, des Schriftbilds und der Wahrnehmung,
- *heilpädagogische Betreuung*, um Lernstrategien zu erarbeiten, Konzentration und Aufmerksamkeit zu trainieren,
- *Logopädie* zur Verbesserung einer undeutlichen Aussprache und eines Dysgrammatismus (das ist eine Spracherwerbsstörung, bei der die Kinder keine altersgemäß grammatisch richtigen Sätze bilden),
- *Legasthenie-Training*,
- *Dyskalkulie-Training* (Dyskalkulie ist eine Beeinträchtigung des arithmetischen Denkens [Zählens und Rechnens]),
- *Erziehungsberatung*,
- *Entspannungs- und Konzentrationsübungen*,
- *therapeutisches Reiten*,
- *therapeutisches Klettern*,
- gegebenenfalls vertiefte *Psychotherapie*,
- *Medikamente* (Pharmakotherapie).

Als Entspannungsübung mag zum Beispiel die progressive Muskelrelaxation nach Jacobson dienen.[17] Kinder mit ausgeprägtem AD(H)S zur progressiven Muskelentspannung zu motivieren ist schwer, kann aber gelingen.

Trotz des großen therapeutischen Angebots kann es notwendig sein, auf Psychostimulanzien zurückzugreifen. In unserer Kinderarztpraxis dürften es etwa 5 Prozent aller Kinder sein, die mit der Diagnose AD(H)S betreut werden. Die stete Zunahme der Verordnung von Ritalin von 1993 bis 2012 wirft viele Fragen auf. Erfreulicherweise ist seit 2012 ein leichter Rückgang festzustellen. Methylphenidat, bei gesicherter AD(H)S-Diagnose angemessen eingesetzt, gilt als Goldstandard der Therapie und hat sehr positive Effekte auf schulische Leistungen. Es sind weder Suchtpotenzial noch wirkliche Spätschäden beobachtet worden. Ritalin bedürftigen Kindern nicht zu geben kommt einer unterlassenen Hilfeleistung gleich. Pflanzliche Arzneimittel können zur Behandlung von Unruhe und Schlafstörungen eingesetzt werden.

Wenn das Kind den Sprung aufs Gymnasium nicht schafft

Trotz aller Bemühungen müssen wir im Leben immer wieder feststellen, dass wir mit einem Vorhaben nicht ans Ziel kommen. Auch wenn man sein Bestes gibt und »alles richtig macht«, hat man keine Garantie auf Erfolg. Dies gilt sowohl in der Medizin als auch in der Pädagogik. Bei Letzterer spricht man deswegen auch vom »Wagnischarakter der Erziehung«. Der exemplarisch dargelegte Fall AD(H)S hat bereits die Komplexität der Ursachen und der Behandlungsmöglichkeiten aufgezeigt. Der Familie Reinhardt könnte es also passieren, dass ihre Bemühungen scheitern.

Wir dürfen an dieser Stelle verraten, dass sich die Verdachtsdiagnose Aufmerksamkeitsstörung bei Silvia nur in Teilen bestätigt und keiner medikamentösen Behandlung bedarf. Hilfreich für sie ist die Unterstützung durch die Familie: Es gibt
mehrere Familienkonferenzen, in denen es gelingt, die Familienstruktur so zu ordnen, dass Silvia Zeit und Muße genug hat,
ihr eigenes Schulprogramm sinnvoll zu organisieren.

Hilfreich für die Eltern war ein Erziehungskurs, den der Kin-
der- und Jugendpsychiater vor Ort angeboten hatte. Zur
Entlastung der Familie trug auch bei, dass sie sich über Alternativen hatte aufklären lassen – für den Fall, dass der Schulwechsel doch nicht gelungen wäre.

So schmerzhaft ein Scheitern für alle Beteiligten gewesen
wäre, das Schulsystem hat aus unserer Sicht vorgesorgt.
Denn mehr denn je gilt die Devise »Kein Abschluss ohne
Anschluss«. Bei aller (berechtigten) Kritik am deutschen
Schulsystem, eine seiner Stärken darf man nicht ignorieren:
Noch nie war es so durchlässig, und noch nie hat es so viele
Wege aufgezeigt wie heute. Jeder Abschluss eröffnet einen
weiteren Bildungsweg. Ein Studium beispielsweise kann
nicht nur mit einem klassischen Abitur am Gymnasium
oder Abendgymnasium und mit der Fachhochschulreife
begonnen werden, sondern etwa auch mit einem Meister-
brief. Angesichts dieser Vielfalt ist es überraschend, dass
der Druck auf Kinder im Übertrittsjahrgang so groß ist.

An dieser Stelle eröffnet sich der entscheidende Einfluss-
bereich für Eltern: Glauben Sie an Ihr Kind – und zeigen
Sie ihm das immer wieder. Ein Scheitern des Kindes darf
nicht dazu führen, dass es den Fehler bei sich sucht. Es
muss in dem Glauben bestärkt werden, dass es »das schaffen kann«. So nachvollziehbar das klingen mag, so leicht

ist es aber auch misszuverstehen. Denn mit dem Glauben an das Kind ist nicht gemeint, dass die Ziele in den Himmel wachsen müssen und ihm alles gelingen soll. Ebenso ist mit dem Glauben an das Kind nicht gemeint, dass alles, was es fertigbringt, herausragend und überwältigend ist. Vielmehr meint der Glaube an das Kind, dass Eltern es durch ihre Worte und Taten unterstützen können, ja müssen, damit es seinen Weg selbst findet. Dazu gehören Scheitern, Fehler und Misserfolg. Haben Sie also ein offenes Ohr für die Bedürfnisse Ihres Kindes. Fragen Sie nach, wie es ihm geht, was es erlebt, was es gelernt hat, mit wem es sich trifft und was es bedrückt. Helfen Sie Ihrem Kind, den schmalen Grat zwischen Wunsch und Wirklichkeit zu finden.

Die Reinhardts sind auf ihrem Weg wieder einen großen Schritt weitergekommen. Sie haben sich intensiv mit verschiedenen Fragen auseinandergesetzt: ob ein Aufmerksamkeitsdefizit die Ursache der Probleme sei, die Silvia in der letzten Grundschulklasse hatte, ob Silvia einer speziellen Behandlung zugeführt werden müsse und ob sie für das Gymnasium geeignet sei. Sie konnten die verschiedenen Probleme schließlich auch mithilfe von Fachleuten gut lösen.

Was können wir
von den Reinhardts lernen?

Den Reinhardts kamen die Erfahrungen zugute, die wir in den ersten beiden Kapiteln beschrieben haben. Sie hatten eine positive Streitkultur innerhalb der Familie entwickelt und früh auf die Klagen reagiert, die Silvia über die Schule äußerte. Sie kamen relativ rasch zum Schluss, dass sie sich bei der Fragestellung AD(H)S nicht lange mit vermeintlichen Alternativmethoden aufhalten, sondern rasch und ohne Angst Fachleute zurate ziehen sollten. Dabei haben Elternhaus, Schule, Kinderarzt und Kinderpsychiater hervorragend zusammengearbeitet und rasch gute und einfache Lösungen gefunden. – Wir ziehen wieder unsere Zwischenbilanz:

- Eltern tragen die Verantwortung für ihre Kinder. Diese Verantwortung ist eindeutig im Grundgesetz verankert und aus pädagogischer Sicht entscheidend. Sie haben aber auch ein Recht auf professionelle Hilfe.
- Viele Ursachen können die Aufmerksamkeit stören. Sie betreffen das Kind allein, das Verhalten von Eltern und Lehrern, die Schulorganisation, die Interaktion in der Gruppe und vieles andere mehr.
- In der Behandlung von Kindern mit AD(H)S oder anderen Symptomen müssen alle zusammenarbeiten. Oft sind professionelle Teams aus Kinderärzten, Lehrkräften und (anderen) Eltern hilfreich. Eltern sollten sich bei wichtigen Problemen umfassend beraten lassen. Dabei führt der schnellste Weg nicht immer ans Ziel. Im Internet finden sich viele, auch viele falsche Ratschläge. AD(H)S wird niemals nur mit Medikamenten behandelt.

Auch wenn die Verantwortung für die Erziehung von Kindern bei den Eltern liegt, Kooperation ist unerlässlich. Dies gilt in einfachen Fällen, in denen alles gutgeht, genauso wie in schwierigen, in denen Ratlosigkeit herrscht. Die Expertise aller ist hilfreich, und es ist an der Zeit, sie zum Wohl der Kinder zusammenzubringen.

Kontroverse 2:
Was bedeutet das Abitur heute?

Als der Jüngere von uns beiden seine Tochter zum letzten Kindergartentag brachte, stand eine Gruppe von Eltern mit ihren Kindern bereits vor der Tür. Sie freuten sich, dass dieses Kapitel nun zu Ende war und die Schule begann. Und zur Feier des Tages trugen die Kinder ein T-Shirt mit der Aufschrift »Abi 2024«. Man kann das als Scherz verstehen, aber dahinter steckt doch ein gesellschaftlicher Wandel der Einstellung zur Schule und zum Abitur. Was bedeutet heute das Abitur: den höchsten Abschluss einer Allgemeinbildung für alle oder die Eignungsprüfung für ein Universitätsstudium?

Zunächst ein paar grundsätzliche Betrachtungen: In den vergangenen Jahrzehnten nahm die Zahl der Abiturienten kontinuierlich zu. Ebenso gestiegen ist der Anteil an Abiturzeugnissen mit der Durchschnittsnote Eins. Gleichzeitig nimmt aber der Ausbildungsstandard nach Meinung vieler ab. Universitäten und Betriebe bemängeln oft die Qualifikation der Abiturienten. So entsteht die grundsätzliche Frage nach dem Wert der Reifeprüfung. Streben wir für unsere Kinder eine breitgefächerte gute Allgemeinbildung an, als deren krönender Abschluss das Abitur gelten kann, oder gewährleistet das Abitur eine ausreichende Vorbildung auch für spezialisierte Studiengänge wie Mathematik, Ingenieurwesen, Informatik?

Das Bildungsideal, unter dem Ihre beiden Autoren groß geworden sind, war umfassend. Man sagte uns: »Ein Fachidiot ist auch in seinem Fach ein Idiot!« Ist das noch zeitgemäß? Das Abitur war früher der krönende Abschluss des Schulbesuchs von Kindern wohlgemerkt der gesellschaftlichen und nicht der intellektuellen Elite. Das Zeugnis bestätigte einerseits eine umfassende allgemeine Bildung und sicherte andererseits den Zugang zum Studium und lukrativen Berufen. Die Öffnung des Gymnasiums für viele ist natürlich wünschenswert, bewirkte aber zahlreiche Veränderungen. Mehr Schüler sind durchgefallen oder haben ihre gymnasiale Laufbahn abgebrochen, der Erwerb guter Noten wurde leichter, Ministerien und Schuldirektoren drängen darauf, dass bessere Noten vergeben werden, auch wenn es den Leistungen nicht entspricht.

Die Gymnasien spiegeln heute viel stärker als früher die Realität unserer Gesellschaft als Einwanderungsgesellschaft wider mit ihren großen Unterschieden in Sprachkompetenz, sozialem Selbstbild und Erziehungskonzepten. So gesehen leisten unsere Gymnasiallehrer vielfältige Integrationsarbeit, oft ohne die entsprechende Anerkennung. Nicht selten sehen sie sich mit dem Vorwurf konfrontiert, zu viel zu fordern und gleichzeitig zu wenig zu fördern. Ein Dilemma.

Da auch auf absehbare Zeit nicht alle Grundschüler auf ein Gymnasium werden wechseln können (unsere Gesellschaft ist leistungsorientiert und damit arbeitsteilig organisiert), entsteht eine neue Zweiklassengesellschaft unter den Schülern: diejenigen, die es geschafft haben, und diejenigen, die es trotz der erwähnten Erleichterungen nicht geschafft haben. Und innerhalb der Gruppe der Privilegierten wird der Verdrängungswettbewerb stärker: Immer früher denken die Eltern an die spätere Karriere ihrer Kinder und setzen Lehrer unter Druck, um bloß nicht durch schlechte Noten deren Karriereaussichten zu gefährden. Der Leistungsdruck wird beklagt, wobei auch ganz altmodische Tugenden wie Konzentration, Fleiß, Ausdauer, geistige Anstrengung und intellektuelle Redlichkeit durchaus nötig sind, um Bildung und berufliches Auskommen zu erzielen.

Der Weg zurück zum alten Eliteabitur ist weder sinnvoll noch politisch durchsetzbar. Ein Absenken des Ausbildungsniveaus an unseren Gymnasien wird dazu führen, dass die Förderung durch das Elternhaus noch wichtiger wird und reiche Eltern vermehrt ihre Kinder auf private Eliteschulen schicken werden (und nicht alle werden ihrem Anspruch hier gerecht). Eine Nivellierung der Abiturnoten führt zwangsläufig zu verschärften Eingangsprüfungen bei Betrieben und Universitäten.

Wir müssen Wege finden, unseren Kindern eine breite Bildung und Freude am Lernen mitzugeben, und zwar möglichst vielfältig, damit sie unabhängig werden und Mündigkeit erreichen können. Und wir müssen darauf hinarbeiten, dass möglichst viele einen Beruf erlernen, der ihrer Neigung, Begabung und Ausbildung entspricht – ob mit oder ohne Abitur. Jedes Kind ist einzigartig und muss seinen eigenen Weg finden beziehungsweise finden können.

Wenden wir uns wieder den Reinhardts zu.

Tobias will nie mehr in die Schule gehen

Bei Familie Reinhardt:
Episode Nr. 4

Tobias hat es mittlerweile bis in die dritte Klasse der Grundschule geschafft. Er war immer schüchtern, hatte aber zwei feste Freunde und – vor allem – in den beiden ersten Schuljahren eine ältere erfahrene Lehrerin, die ihm in ihrer freundlich zugewandten Mütterlichkeit jede Angst nahm. Tat er sich schwer, die passenden Worte im Unterricht zu finden, konnte sie geduldig warten, bis er sie gefunden hatte. Wenn Mitschüler sich über ihn lustig machten, ihn gar als Muttersöhnchen beleidigten, dann half sie ihm. Außerdem gehörte er, da er ja verspätet eingeschult worden war, zu den Größeren der Klasse. Es ging ihm also in den ersten beiden Jahrgängen seiner schulischen Laufbahn relativ gut.

Das ändert sich schlagartig mit dem Übertritt in das dritte Schuljahr. Ein junger, noch unerfahrener Lehrer übernimmt die Klasse. Aus dem nahen Flüchtlingsheim kommen zum Teil traumatisierte Kinder aus Kriegsgebieten neu in die Schule, die kaum Deutsch sprechen. Manche der Kinder sind deutlich älter als Tobias. Die Anzahl der Schüler und Schülerinnen ist angeschwollen, herrschte kein Lehrermangel, müsste die

Schulklasse aufgeteilt werden. Eine Fülle von Problemen ist die Folge, die aus unterschiedlichen Sprachebenen, widersprüchlichen Rollenvorstellungen und divergierenden Erziehungsstilen resultieren.

Dem Lehrer gelingt es immer weniger, Ruhe und Disziplin herzustellen. Vor allem hat er kaum Zeit, auf einzelne Kinder einzugehen. Die Klassengemeinschaft leidet, auch weil Kräfte von außen eindringen: Ältere Mitschüler treten als »Rädelsführer« der Schüler mit ähnlichem Migrationshintergrund in den unteren Klassen auf, sodass es im Pausenhof und nach der Schule zu lautstarken, gelegentlich auch handgreiflichen Auseinandersetzungen zwischen Gruppierungen aus verschiedenen Herkunftsländern kommt.

Es treffen also Gruppen unterschiedlichster Herkunft und Sprachmächtigkeit, geprägt von unterschiedlichen Erziehungsstilen und Männlichkeitsidealen, aufeinander. Der schüchterne Tobias wird immer häufiger Opfer der prahlerischen Kraftmeierei seiner wenig zimperlichen Mitschüler. Bei Konflikten fühlt er sich oft im Stich gelassen. Er hat ja nur noch einen festen Freund, der aber wie Tobias nicht zu den Mutigsten gehört. Immer häufiger werden seine Beschwerden über die Mitschüler zu Hause, immer hilfloser die Eltern, was sie denn gegen das allgegenwärtige Mobbing tun könnten, das ihrem Tobias widerfährt. Eines Tages kommt er heulend nach Hause und schluchzt: »Ich will nie mehr in die Schule gehen!«

Grundsätzlich sind solche Phänomene weder neu noch außerordentlich, genauso wie Migration eher die Regel als die Ausnahme ist und war. Wir beide erinnern uns noch gut an unsere Schulzeit: Der Ältere von uns besuchte in

Schwabing eine katholische Grundschule und zog mit anderen Kombattanten zur benachbarten Schule in der Türkenstraße, um dort die Evangelischen zu vermöbeln. Der Jüngere verbachte beinah jeden Nachmittag seiner Grundschulzeit auf dem Fußballplatz und spielte mit seinen besten Freunden Bülent, Ösge und Mustafa. Wenn Spiele mit Kindern aus dem Nachbardorf vereinbart wurden, ging es heiß her gegen die »Erzfeinde«.

Liebe Eltern, liebe Kolleginnen und Kollegen aus Pädagogik und Pädiatrie, was würden Sie anstelle der Reinhardts tun? Lassen Sie uns wieder ein paar Gesichtspunkte genauer betrachten!

Mobbing, ein ernst zu nehmendes Problem in der Schule

Mobbing, also das verdeckte Agieren, um eine andere Person zu schädigen, ist grausamer Schulalltag. Es gibt kaum Schulen ohne Mobbing. Nicht jeder Schüler ist persönlich betroffen, aber alle kennen es. Auch Erwachsene sind häufig aktiv oder passiv verwickelt, sei es am Arbeitsplatz, in Vereinen oder in komplizierten Familien.

Kinder, die Mobbing in der Schule erfahren, wundern sich oft, weshalb ausgerechnet sie – und nicht die anderen – zum Opfer wurden. Oft hängt das nicht wirklich von ihnen selbst ab. Für mobbende Mitschüler kann jedes Merkmal willkommen sein, um ein potenzielles Opfer zu markieren: Mal ist es die falsche Kleidung, der falsche Sportverein, die falsche Herkunft oder schlicht und einfach Rivalität und Gegnerschaft in der Klassengemeinschaft. Jedes Mitglied einer Schulklasse kann folglich als Opfer ausgesucht werden. Niemand ist sicher. Aber man kann sich wehren: Potenzielle Opfer sollten bestimmte Fehler vermeiden, um nicht in ihrer Opferrolle fixiert zu werden. Um diese näher erläutern zu können, ist ein Blick auf die Psychodynamik von Gruppen nötig.

Hierfür gibt es ein interessantes Beispiel aus der Fantasy-Literatur: Joanne K. Rowling, die Autorin der *Harry-Potter*-Bücher schildert plastisch das Psychogramm mobbender Mitschüler, Draco Malfoy mit Vincent Crabbe und Gregory Goyle. Draco wäre seinem Rivalen Harry Potter in einem offenen, ehrlichen Kampf unterlegen. Deshalb bedient er sich der unterwürfigen Mitschüler Crabbe und Goyle, die er zwar verachtet, aber an sich bindet, sodass sie ihm willfährig für jede Bosheit zur Verfügung stehen.

Selbstbewusste Kinder und Jugendliche scheuen den offenen Konflikt nicht und handeln nicht im Geheimen, quasi aus dem Untergrund heraus. Sie können Konflikte, wie sie in jeder Gemeinschaft auftreten, offen und meist konstruktiv lösen. Anders ausgedrückt: Wer mobbt, hat es nötig! Mobbing entsteht nicht aus Stärke, sondern aus Schwäche! Nur wer schwach ist, muss verdeckt agieren und heimlich hetzen. Potenzielle Mobbingopfer sollten sich deshalb eindeutig von Mobbing distanzieren und zwei Kardinalfehler vermeiden: sich zu unterwerfen oder zu versuchen, die Gegner zu unterwerfen. Während die erste Strategie zu einer Demütigungsspirale führt und sicherlich nicht zu einem Ende der Unterwerfung, ist die Gefahr der Eskalation bei der zweiten Strategie groß. Am Ende gibt es nur Verlierer. Wie kann man also als Gewinner oder zumindest nicht als Verlierer aus solchen Situationen herauskommen?

Stellen Sie fest, dass Ihr Kind in Mobbing verstrickt ist, so ist zügiges und wohlüberlegtes Handeln notwendig. Beobachten Sie das Verhalten Ihres Kindes genau, und versichern Sie sich, dass auch Ihr Partner diese Beobachtung macht – vier Augen sehen nicht nur mehr als zwei, sie sehen oft auch klarer.

Erhärtet sich der Verdacht, so scheuen Sie nicht das Gespräch mit der Lehrperson, sie ist auf Ihrer Seite und von Amts wegen verpflichtet, Ihrem Kind zu helfen. Auch wenn es vielleicht nicht immer so aussieht, die meisten Lehrpersonen halten sich daran. Äußern Sie also Ihre Bedenken in aller Ruhe, ohne unüberlegt und übereilt zu handeln. Gemeinsam mit der Lehrperson lässt sich sicher eine Strategie finden, mit der das Mobbingproblem angegangen werden kann.

Im Fall von Tobias sind sich Eltern und Lehrer einig: Der Junge muss sich selbst wehren können. Er ist ohnehin mit dem Spitznamen »Muttersöhnchen« gebrandmarkt. Wenn jetzt noch die Mutter im Unterricht erschiene und mit den »bösen Buben« schimpfte, dass sie so garstig mit ihrem Tobias seien – nicht auszudenken, welcher Spott sich dann erst recht über den armen Knaben ergösse. Ein paar allgemeine Hinweise werden mit ihm ausführlich besprochen und eingeübt:

- Mobbingopfer sollten nicht versuchen, ihre Gegner zu demütigen.
- Mobbingopfer sollten die Gegner nach Möglichkeit nicht provozieren und nicht Gleiches mit Gleichem vergelten.
- Mobbingopfer sollten versuchen, einzelne Gegner als Einzelperson anzusprechen.
- Mobbingopfer sollten ihre Gegner nach den Gründen für ihre ablehnende Haltung fragen.

- Mobbingopfer sollten Ich-Botschaften statt einer Bewertung oder Abwertung des Gegners senden.
- Mobbingopfer sollten selbst den respektvollen Umgang zeigen, den sie für sich selbst erwarten.

Außerdem werden diverse Maßnahmen ergriffen, die Tobias' Resilienz (siehe unten) steigern sollten. Seine Eltern entwerfen einen Aktionsplan. Diese Zeit, während deren sie gemeinsam nach Lösungen für ihren Sohn suchen, ist übrigens eine der schöneren Phasen ihrer Ehe und ihres Familienlebens. Georg unternimmt den einen oder anderen Ausflug mit seinem Jüngsten: zum Fußball, zum Radfahren und – das interessiert beide besonders – ins Deutsche Museum. Dabei erzählt er auch, dass er sich als Schüler eines Internats ebenfalls mit Mobbing, damals hieß es anders, hatte auseinandersetzen müssen, und zwar durchaus mit unkonventionellen Mitteln. Mitschüler hätten nach einem Streit beschlossen, ihn von Essen auszuschließen, woraufhin er einem seiner Kontrahenten eine Nudelschüssel über den Kopf stülpte. Es wäre daraufhin großen Aufruhr entstanden, aber niemand hätte mehr versucht, ihn in ähnlicher Weise zu unterwerfen.

Vater und Sohn überlegen gemeinsam, was Tobias machen könne, wenn er auf dem Schulhof angegriffen wird, ohne Prügelei und ohne Nudelschüssel.

Klara organisiert Treffen mit den Familien anderer Kinder, die auch unter dem Mobbing zu leiden haben. Als genug Mitstreiter zusammengekommen sind, sprechen sie mit dem Klassenlehrer und der Schulleitung. Ein außerordentlicher Elternabend wird abgehalten. Nicht alle Eltern waren zu Beginn der Meinung, dass das Mobbing in Tobias' Klasse ein Problem darstellt. Vor allem die Eltern der Knaben, die aktiv beteiligt sind, hatten ihre Zweifel, aber sie ließen sich überzeugen und versprechen nun, vermehrt auf die Erziehung ihrer Kinder zu achten. Tobias seinerseits findet sich mit seinem besten Freund und zwei Mädchen zu einer Art Widerstandsgruppe zusammen, die sich gegen die »bösen Buben« verbündet. Ganz allmählich geht Tobias wieder lieber zur Schule.

Resilienz:
Kinder stärken als zentrale Aufgabe

Der Begriff »Resilienz« stammt ursprünglich aus der Physik. Er beschreibt die Rückkehr eines durch äußere Einflüsse verformten Gegenstands in seine ursprüngliche Form (vom lateinischen *resilire* für »zurückspringen«). In der Entwicklungspsychologie bezeichnet man mit diesem Begriff die Fähigkeit, mit Druck und Belastung fertigzuwerden, tägliche Herausforderungen zu bewältigen, sich angesichts von Enttäuschungen und unangenehmen Erfahrungen rasch wieder zu fangen, klare realistische Ziele und Vorstellungen zu entwickeln, Probleme zu lösen, mit Menschen gut zurechtzukommen und sich selbst und den anderen mit Respekt zu begegnen.[18]

Resilienz kann man umgangssprachlich als »psychische Widerstandskraft« bezeichnen, die ein Gedeihen trotz widriger Umstände ermöglicht.

Die Entwicklungspsychologin Emmy Werner gehörte zu den Pionieren der Resilienzforschung. Im Jahr 1955 hat sie 698 neugeborene Kinder in eine Studie aufgenommen und ihre Entwicklung über einen Zeitraum von über vierzig Jahren verfolgt.[19] Es zeigte sich, dass 210 Kinder, die sozialen oder medizinischen Risiken wie Komplikationen bei der Geburt, Armut, psychische Erkrankungen und Alkoholismus der Eltern ausgesetzt waren, sich *im Durchschnitt* schlechter entwickelten als Kinder, die ohne diese Belastungen aufwuchsen. Dieses Ergebnis hatte man erwartet. Nicht erwartet hatte man, dass etwa ein Drittel davon, nämlich sechzig Kinder, trotz zahlreicher Risikofaktoren eine dennoch positive Entwicklung zeigte. Diese Kinder bezeichnete Werner als »resilient«. Gemeinsam war allen, dass es trotz widriger Umstände wenigstens eine Person gab, die das Kind liebte, so wie es war, an das Kind glaubte, ihm Vertrauen in die eigenen Fähigkeiten vermittelte und es zur Selbstständigkeit und Eigeninitiative ermunterte. Diese Person(en) konnten Eltern sein, nahe Verwandte oder auch Personen außerhalb der Familie. Je zuverlässiger und stabiler die Bindungs- und Beziehungserfahrung im Kindes- und Jugendalter waren, desto kompetenter waren sie als Jugendliche und Erwachsene. Resilienz ist also nicht angeboren, sondern ein Entwicklungsprozess.

Die Entwicklung von Resilienz lässt sich fördern. Einige Faktoren kann man dazu klar benennen.

Wertschätzende Haltung und Empathie

Kinder können besser zuhören, besser lernen, akzeptieren eher Grenzen, übernehmen mehr Verantwortung und sind empathischer, wenn sie sich in einer liebevollen und wertschätzenden Atmosphäre geborgen fühlen. Nehmen Sie Ihr Kind ernst, und sagen zu ihm nie etwas wie: »Das verstehst du nicht, dazu bist du zu klein!«

Kinder wollen das Gefühl haben, verstanden zu werden. Aus Erwachsenensicht ist dazu manchmal ein Wechsel der Perspektiven nötig.

Wirksame Kommunikation

Wechselseitiges Verstehen setzt eine wirksame Kommunikation voraus. Dies ist erlernbar, muss aber gelegentlich mühsam geübt werden, beispielsweise mit der bereits erwähnten Familienkonferenz.

Gute Kommunikation fällt nicht vom Himmel, sondern ist das Ergebnis eines langen gemeinsamen Lernprozesses. Wenn Sie sich unsicher sind, hier ein paar Fragen zum Selbsttest:

- Weiß mein Kind, dass ich es ernst nehme?
- Spreche ich mit ihm in einer Atmosphäre der Wertschätzung?
- Weiß mein Kind, dass es mir wichtig ist?
- Kann ich aktiv zuhören? (Damit ist eine offene, aktive, empathische und respektvolle Einstellung gegenüber dem Gesprächsinhalt und dem Gesprächspartner gemeint.)
- Kann ich im Gespräch meinem Kind vermitteln, dass ich sein Anliegen verstanden habe?
- Hat mein Kind Raum, sich mitzuteilen?
- Weiß ich genau über mein eigenes, mein persönliches Anliegen Bescheid?
- Kann ich mein Anliegen ohne Vorwurf oder Anklage vermitteln?
- Kann ich zu meinen eigenen Fehlern stehen?
- Lachen wir manchmal zusammen?
- Bin ich ein gutes Vorbild?

Wenn Sie alles mit Ja beantwortet haben sollten, folgt eine Zusatzfrage: Schwindeln Sie manchmal …?

Freundliche Akzeptanz

Kinder wollen, wie Erwachsene auch, als die Menschen wahrgenommen werden, die sie sind. Bei allen guten Wünschen, die wir für unsere Kinder haben, dürfen wir nie vergessen, dass jedes ein unverwechselbares Unikat ist. Kein Kind gleicht dem anderen, so wird auch jedes Kind seine besonderen Stärken haben oder entwickeln können. Sie zu finden und zu fördern ist unsere pädagogische Aufgabe.

Hilfe zur Selbsthilfe

Es ist vielleicht manchmal traurig, aber wahr: Gute Eltern und gute Lehrer werden früh überflüssig, weil sie ihre Schüler, ihre Kinder zu selbstständigen Erwachsenen heranwachsen lassen. Wir dürfen unseren Kindern keine fertigen Lösungen anbieten, sondern müssen sie befähigen, eigene Lösungen zu finden.

Disziplin und Selbstkontrolle

Wie Langzeitstudien immer wieder belegen, sind Willenskraft, Durchhaltevermögen, Gewissenhaftigkeit, stabile und gute soziale Beziehungen, harte Arbeit in einem erfolgreichen, sinnerfüllten Leben Voraussetzungen für ein langes gesundes und erfolgreiches Dasein. Disziplin und Selbstkontrolle zu vermitteln ist unsere Aufgabe als Eltern und Lehrer.

Verantwortung und soziales Engagement

Menschen sind soziale Wesen. Schon Kleinkinder wollen gern helfen. Wenn man Kindern die Gelegenheit bietet, sich in der Gemeinschaft zu engagieren, werden sie es nutzen und soziale Kompetenz und Sicherheit erwerben, die entscheidend zur eigenen Lebensqualität beiträgt.

Weitere Herausforderungen
meistern

Die Reinhardts haben ihr Problem einigermaßen gemeistert. Andere Kinder und Familien müssen sich mit anderen Problemen auseinandersetzen, denn unsere Gegenwart beschert ihnen zahlreiche Risiken und Herausforderungen. Deren Bewältigung wird resilienten Kindern leichter fallen.

Allein oder getrennt
erziehende Eltern

Der ständige Wechsel zwischen der väterlichen und mütterlichen Sicht auf die Welt ist für die Entwicklung der Autonomie eines kleinen Kindes von großer Bedeutung (wir haben die Begriffe »Triangulierung« und »Trias« bereits kennengelernt): Da beide Elternteile natürlicherweise oft ein wenig unterschiedliche Auffassungen über Erziehungsinhalte vertreten, wird das Kind schnell lernen, die passendere Variante zu erkennen und so seine eigenen Standpunkte zu entwickeln. Fehlt diese Triangulierung, so ist das Kind, vor allem als Einzelkind, dem alleinerziehenden Elternteil auf Gedeih und Verderb ausgeliefert. Alleinerziehende Eltern sollten deshalb sowohl im Interesse des Kindes als auch im eigenen Interesse Rückhalt in sozialen Netzwerken suchen.

Scheidungen und Trennungen sind häufig, 130 000 bis 150 000 Ehen mit minderjährigen Kindern werden jährlich in Deutschland geschieden. 15 Prozent aller Eltern erziehen ihre Kinder allein, zum Großteil Mütter. Neben den Eltern sind in der Vorschul- und Grundschulzeit vor allem Frauen Bezugspersonen von Kindern. Man könnte von einem strukturellen Vaterdefizit oder von einem Mangel an männlichen Vorbildern sprechen (erinnert sei an das Schlagwort von der »vaterlosen Gesellschaft« des Psychoanalytikers Alexander Mitscherlich).[20] Diesem steht ein seltsam heroisches Männerbild aus Computerspielen, Animations- und politischen Propagandafilmen gegenüber, das sich manche Jugendliche offensichtlich zum Vorbild nehmen (leider auch manche Erwachsene).

Mediennutzung – digitale Welt

Schulen und Kindergärten sind schlecht auf die digitale Revolution vorbereitet. Dem will man mit Milliardenaufwand begegnen. Mit der bloßen Anschaffung von Geräten lässt sich das Ziel einer Medienkompetenz jedoch nicht erreichen: Viele Studien zeigen, dass Schulleistungen schlechter werden, je früher und länger Kinder mit digitalen Medien zubringen. Handyverbote an Schulen erzielen oft positive Effekte.

Die Fähigkeit, digitale Medien sinnvoll zu nutzen, muss analog vorbereitet werden, und zwar altersgerecht und entwicklungskonform. Sinneserfahrungen wie Schmecken, Riechen, Tasten, Formen, körperliche Aktivität und der Erwerb sozialer Kompetenz sind digital nicht erreichbar. Vor allem frühe Bindungserfahrungen sollten nicht durch digitales Werkzeug gestört werden, auch nicht seitens der Eltern: Letzteres ist oft auf Spielplätzen, in Straßenbahnen oder in Wartezimmern zu beobachten, wenn Eltern ihre Smartphones bedienen, statt sich mit ihren Kindern zu befassen.

Frühkindliche Fremdbetreuung

In Kontroverse 1 haben wir uns bereits mit dem Thema auseinandergesetzt, dass die Krippenbetreuung von Kindern unter drei Jahren durchaus Risiken birgt.

Kinderarmut

In Deutschland ist jedes fünfte Kind von Armut bedroht. Die Kinder müssen oft, vor allem in Familien mit nur einem erziehenden Elternteil, notgedrungen viele Pflichten übernehmen. Sie helfen bei der Haushaltsführung, bei der Beaufsichtigung der Geschwister, bei deren Hausaufgaben, beim Einkauf und so weiter. Das Freizeitangebot und der Zugang zu Bildungsmöglichkeiten sind eingeschränkt.

Frühe Einschulung, verkürzte Schulzeit

Den idealen Zeitpunkt für die Einschulung in die Grundschule zu finden ist nicht leicht. Georg und Klara haben dies mit Tobias deutlich erlebt. Eltern, Kinderarzt und Kindergärtnerinnen sollten hier sinnvoll zusammenarbeiten, Eltern sollten ihre Entscheidung nicht nur von der intellektuellen, sondern auch der körperlichen und sozialen Entwicklung abhängig machen. Man braucht als »kindlicher Intellektueller« in einer Klasse mit durchwegs älteren Mitschülern durchaus ein gerüttelt Maß an Resilienz, um als »kleiner Klugscheißer« nicht unter die Räder zu kommen. Auch das Überspringen von Schulklassen bringt unter Umständen enorme soziale Risiken mit sich.

Unausgegorene pädagogische Konzepte

Die Liste der Risiken ist unvollständig, wenn man die vielen politisch gewollten, pädagogisch aber unausgegorenen Reformen der jüngsten Vergangenheit nicht erwähnt. Schüler und Lehrer mussten über große Frustrationstoleranz und Resilienz verfügen!

Was können wir
von den Reinhardts lernen?

Vielleicht sind es noch die Nachwirkungen aus der Zeit, als sich Klara so ausschließlich um ihren Jungen kümmern musste, dass er zum Muttersöhnchen wurde, das sich in der rauen Welt des Schulalltags nicht zurechtfand. Vielleicht war es die mangelnde Präsenz des Vaters, die fatale Arbeitsteilung der Familie. Wir wissen es nicht. Unsere Reinhardts scheinen aber auf einem guten Weg zu sein. Ziehen wir also folgende Zwischenbilanz:

- Hinweise auf Mobbing müssen ernst genommen werden. Betroffene Kinder sollte man genau beobachten und ihnen Gehör schenken! Besonders gefährlich ist der innere Rückzug dieser Kinder.
- Es gilt, das Kind stark zu machen! Jedes Kind kann Mobbingopfer werden, ist aber nicht machtlos und kann sich erfolgreich wehren. Mobbende Kinder und Jugendliche handeln in der Regel aus Schwäche.
- Die Kooperation aller Verantwortlichen ist notwendig! Der Schutz Wehrloser ist ein Grundwert unserer Gesellschaft und eine pädagogische Aufgabe aller.

Eine erfolgreiche Schulzeit und auch ein erfülltes Leben verlaufen nur in den seltensten Fällen geradlinig. Die meisten von uns werden Rückschläge in Kauf nehmen müssen. Und dann entscheidet es sich: Gelingt es, die Herausforderungen zu meistern und gestärkt nach vorn zu schauen, oder erliegt man den Herausforderungen und nimmt langfristig Schaden? Ein wertschätzendes und bestärkendes Umfeld ist Basis einer erfolgreichen Schulzeit und eines erfüllten Lebens. Eltern tragen die größte Verantwortung.

»Diese Lehrkraft geht gar nicht!«

Bei Familie Reinhardt:
Episode Nr. 5

Anders als ihr kleiner Bruder hatte Sarah kaum Schwierigkeiten, sich in ihrer Klassengemeinschaft durchzusetzen. Schon in der Grundschule war sie anerkannt und beliebt, scharte meist eine kleine Gruppe von Freundinnen um sich, mit denen sie auch in der schulfreien Zeit intensive Kontakte pflegte. Die langwierigen Diskussionen in der Familie, die sich oft um den kleinen Bruder (den »Pimpf«, wie sie ihn ja oft nannte) und die Streitereien der Eltern drehten, waren ihr zunehmend lästig geworden.

Im neunten Schuljahr nun lässt sich Sarah kaum mehr zu Hause blicken und informiert ihre Eltern und Geschwister nur noch sporadisch über manche, zum Schluss aber durchaus dramatische Entwicklungen in der Schule. Sie ist zwar noch beliebt und anerkannt, aber nicht mehr an erster Stelle. Sie scheitert bei der Wiederwahl zur Klassensprecherin an Sibylle, die, wie sie meint, sich überall nur einschleime, im Ernstfall, wenn es um Konflikte zwischen Lehrern und Schülern ginge, aber sicher versagen würde. Besonders schmerzhaft ist für Sarah die Tatsache, dass gewisse nicht uninteressante Jungen aus der Klasse Sibylle den Vorzug geben.

Zu allem Überfluss hat die Klasse seit Kurzem eine neue Leitung: Die Lehrerin kommt von einer anderen Schule, Gerüchte gehen um, dass sie Probleme mit der Disziplin ihrer Schüler gehabt habe. Sarah kann sie von Anfang an nicht leiden. Sie soll sich nicht täuschen: Fast als hätte sie es geahnt, kommt es bald zu Reibereien. Einerseits versucht die Lehrerin, sich bei bestimmten Schülern beliebt zu machen, andererseits ist sie oft über Gebühr streng oder versucht es wenigstens zu sein.

Als sich Sarah für zwei eher leistungsschwache befreundete Mitschülerinnen einsetzt, die sich ungerecht behandelt fühlen, kommt es zur offenen Auseinandersetzung zwischen ihr und der Lehrerin. Ob auch die pubertäre Protesthaltung Sarahs eine Rolle spielt, lässt sich nicht eindeutig sagen. Jedenfalls häufen sich die Wortgefechte. Als sich die Lehrerin zunehmend in die Enge getrieben fühlt und befürchten muss, ihre Autorität vollends zu verlieren, kommt es zum offenen Kampf.

Gleichzeitig verliert Sarah ihre engste Freundin. Ihre Schulleistungen sinken rapide, sodass die Versetzung zum Schulhalbjahr gefährdet ist. Sarah hat ihre Eltern bisher kaum in diesen Konflikt eingeweiht und sich nur gelegentlich bei Mutter und Vater vergewissert, ob sie grundsätzlich im Recht sei, wenn sie schwächeren Mitschülern helfe.

Eines Tages, als Sarah nach einer heftigen verbalen Auseinandersetzung mit ihrer Lehrerin einen Verweis bekommt, steht für sie fest: Diese Lehrerin muss weg! Ihre Eltern versuchen anfangs, sie zu beschwichtigen. Sie bieten an, mit der Lehrerin und der Direktorin des Gymnasiums zu sprechen. Sarah, die ohnehin wenig von den verschiedensten Bemühungen ihrer Eltern hält, Konflikte zu lösen, verweigerte sich und erachtete jeden Versuch einer Vermittlung für überflüssig. Die Eltern überlegen, welche Möglichkeiten sie in diesem Konflikt hätten, und informieren sich auch über rechtliche beziehungsweise disziplinarische Schritte gegenüber der, zumindest nach Meinung der Tochter, fürchterlichen Lehrerin.

In der Zwischenzeit wenden wir uns der Lehrerin zu: Sie hatte, weil sie Kinder mochte, begeistert ihr Studium begonnen, es mit guten Noten beendet und war an einer der besten Schulen des Landes als Referendarin angenommen worden. Diese erste Prüfung in der Praxis, im realen Umgang mit nicht unbedingt gutwilligen Schülern, hat sie aber, wie sie sich eingestehen musste, nur mit Mühe bestanden. Sie war bei den Schülern bald als sanftmütige, bis zur Einfältigkeit nachgiebige Lehrerin verschrien, mit der jeder nach Belieben verfahren könne, vor allem, wenn man einflussreiche und finanzkräftige Eltern hinter sich wusste, für die auch der Gang zum Direktor oder zum Rechtsanwalt kein Problem bedeutete. In ihrer Klasse von Dreizehn- bis Vierzehnjährigen hatte sie den Spitznamen »das Opfer«. Sie hatte Mühe, Disziplin zu wahren, alles Betteln vor der Klasse half nicht, jeden Tag wurde sie wieder auf die Probe gestellt. Zum Eklat kam es, als sie versuchte, durch Verweise und schlechte Noten einer üblen Angewohnheit vieler Schüler ein Ende zu setzen: Während der meisten Schulaufgaben wurde vor den Augen aller Mitschüler unverhohlen abgeschrieben. Bei der Ahndung der Regelverstöße unterlief ihr leider ein Fehler: Ein Junge war aufgestanden, um einem Schulkameraden den Füller zurückzugeben, der ihm aus Versehen auf den Boden gefallen war. Er konnte beweisen, dass er nicht abgeschrieben hatte, bekam aber trotzdem einen Verweis. Sein Vater war Rechtsanwalt. Der außerordentliche Elternabend geriet zum Fiasko. Die Väter der drei Rädelsführer, nicht aber der Vater des zu Unrecht bestraften Schülers, benahmen sich noch schlimmer als ihre Söhne. Sie drehten der Lehrerin das Wort im Munde um, beschimpften sie als unfähig, fielen ihr und anderen Eltern ins Wort, bis man sie darauf hinweisen mussten, dass Kindererziehung als Erstes die Aufgabe der Eltern und nicht die der Schule sei. Außerdem müssten sich Lehrerinnen und Lehrer doch auf gewisse Mindeststandards von anständigem Benehmen verlassen können.

Zurück zu Sarahs Problem: Ihre Lehrerin hatte sich vorgenommen, sich nie wieder in der geschilderten Art demütigen zu lassen. Sarah und die beiden Mädchen, die ständig mit ihr zusammensteckten, erinnern sie an die drei Jungs aus ihrer Zeit als Referendarin, nur eben in weiblich, und damit noch gefährlicher. Sie fürchtet sich vor Sarah.

Liebe Eltern, liebe Kolleginnen und Kollegen, vielleicht haben auch Sie ähnliche Situationen mit Ihren Kindern erlebt oder stecken gerade mittendrin. Im Folgenden möchten wir einige Facetten beleuchten. Denn die skizzierten Probleme sind alles andere als einfach und können bei unüberlegtem Handeln zu massiven negativen Bildungserfahrungen führen. Wichtig ist, dass alle die Ruhe bewahren, den Konflikt deeskalieren, Gespräche suchen, Kooperationen aufbauen und gemeinsam nach Lösungen suchen.

Die Schule: ein Kampfplatz?

Kinderärzte hören nicht allzu selten Klagen von Eltern über Lehrer, die ungerecht, herzlos, demotiviert oder schlicht und einfach unfähig seien. Spricht man mit Lehrern, hört man oft entgegengesetzte Klagen über ungezogene, träge und undisziplinierte Kinder und deren Eltern, die im Grunde nicht viel besser seien. Zu unserer Jugendzeit waren solche Klagen auch gang und gäbe, nur haben sich die meisten Eltern damals eher mit den Lehrern solidarisiert und nicht mit den eigenen Kindern. Die Pädagogik hat seitdem erfreuliche Fortschritte gemacht, geklagt wird allerdings eher mehr. Kann es sein, dass hier ein grundsätzlicher Zielkonflikt besteht, den auch die beste Pädagogik nicht völlig auflösen kann?

Eltern wollen immer das Beste für ihre Kinder, im Konfliktfall auch gegen die Interessen der anderen Mitschüler und gegebenenfalls gegen den Willen der Lehrperson. Das ist natürlich. Die Lehrer andererseits sind nicht nur einem Kind, sondern der ganzen Klasse verpflichtet, zu ihren Aufgaben gehört nicht nur die Vermittlung intellektueller, sondern auch die sozialer Kompetenz. Der Konflikt muss ausgetragen werden, und zwar in wechselseitigem Respekt.

Die Erziehung zur sozialen Kompetenz beginnt aber längst vor dem ersten Schulbesuch: zu Hause in den Familien und im Kindergarten. Dort müssen die Kinder anfangen zu lernen, altersgemäß mit Konflikten umzugehen und diese im Dialog zu lösen. Und natürlich wünschen wir alle uns warmherzige, einfühlsame, fachlich kompetente und nie überforderte Lehrer, schließlich vertrauen wir ihnen das Wertvollste an, das wir haben. Es ist aber eine Binsenweisheit, dass es nicht nur *gute* Lehrer und Ärzte gibt. Trifft man als Eltern auf eine Lehrerin oder einen Lehrer, an deren Qualität man Zweifel hat, sollte man im Gespräch mit ihnen nach Lösungen suchen und das Vertrauensverhältnis zwischen dem eigenen Kind und der Lehrperson nicht leichtfertig aufs Spiel setzen. Wie wir bereits oft gehört haben, hängt Lernen vor allem von der Lehrperson ab. Wenn die Kinder vor ihrer Lehrerin, ihrem Lehrer keinen Respekt haben, lernen sie nichts von ihnen! Beachten Sie das bitte immer, auch wenn Sie sich im Recht fühlen oder im Recht sind.

Konflikte mit einer Lehrperson konstruktiv zu lösen ist übrigens eine hervorragende Übung fürs Leben! Gute Vorbilder sind gefragt! Schüler, die bei jeder Gelegenheit damit drohen, notfalls ihre Rechte mithilfe des Rechtsanwalts der Familie durchzusetzen, sind oft weder in intellektueller noch in sozialer Hinsicht kompetent, Eltern tun ihnen mit einer solchen Erziehung keinen Gefallen.

So mancher Lehrer ist seinem Beruf nicht gewachsen. Der Lehrerberuf hat unter allen Berufen die höchste Burnout-Rate. Das mag an unsinnigen Überforderungen liegen, wie immer neuen unausgegorenen pädagogischen Konzepten, die politisch gewollt, aber nicht immer pädagogisch durchdacht sind, wie der Wechsel von G9 (dem Abitur nach neun Jahren auf dem Gymnasium) auf G8 (das sogenannte Turbo-Abi schon nach acht Jahren) und wieder zurück, Betonung der MINT-Fächer auf Kosten der Sprachen, Ganztagsschulen mit Leerlauf am Nachmittag und so weiter (»MINT« steht für Fächer und Berufe aus den Bereichen *M*athematik, *I*nformatik, *N*aturwissenschaft und *T*echnik). Es kann an einer illusionären Verkennung der Realität dieses schönen, aber auch anstrengenden Berufs liegen. Der vergleichsweise niedrige Sozialstatus, der sich auch in Hetzplattformen im Internet und gezieltem Mobbing zeigt, trägt sicher nicht zu einem gesunden und stabilen Selbstverständnis und Selbstvertrauen bei. In manchen Schulen greifen Überforderung, Dienst nach Vorschrift und Strukturlosigkeit in beängstigendem Ausmaß um sich. Wenn manchmal mehr als die Hälfte der Schüler Disziplinlosigkeit an ihrer Schule als schwerwiegendes Problem benennt, muss man handeln. Lösen kann man das Problem nur gemeinsam. Man muss miteinander reden.

Die Lehrperson:
allein entscheidend für den Lernerfolg?

Die Studie *Visible Learning*[21] ist die derzeit umfangreichste Sammlung an Daten der empirischen Bildungsforschung, begonnen von John Hattie und mittlerweile in Kooperation mit einem Ihrer Autoren fortgesetzt (siehe Anhang). Als 2008 das Original veröffentlicht wurde, umfasste die Sammlung über 800 Meta-Analysen. Diese Meta-Analysen subsumieren Studien zu einem vergleichbaren Forschungsgegenstand, sodass in *Visible Learning* circa 50 000 Einzelstudien ausgewertet wurden, an denen geschätzt über 200 Millionen Lernende teilgenommen haben. Heute sind es über 1400 Meta-Analysen, die auf über 80 000 Studien und Daten von über 300 Millionen Lernenden zurückgreifen. Zum Vergleich: PISA, die Studie, die immer wieder den bildungspolitischen Diskurs befeuert, kommt auf geschätzte neun Millionen Lernende.

Ziel der Sammlung war und ist es bis heute, jene Faktoren zu identifizieren, die den größten Einfluss auf die schulische Leistung haben. Da es der empirischen Bildungsforschung nicht an Untersuchungen mangelt, ist diese Aufgabe notwendig und herausfordernd. Komplex wird sie vor allem bei dem Versuch, Faktoren zu bestimmen, die sozusagen das verbindende Element über alle Studien sind. Darunter finden sich beispielsweise »Hausaufgaben«, »Lehrer-Schüler-Beziehung«, »Sozioökonomischer Status der Eltern« und »Einsatz von Smartphones im Unterricht«. Sie merken: Es gibt kaum etwas, was nicht erforscht worden ist. Spannend wird es nun, wenn die zahlreichen Faktoren den Bereichen Lernende, Elternhaus, Schule, Lehrplan, Unterricht und Lehrperson zugeordnet werden und danach gefragt wird: Welcher dieser Bereiche hat den größten Einfluss auf den schulischen Erfolg? Die Daten liefern auf den ersten Blick ein eindeutiges Ergebnis: Entscheidend für den Schulerfolg ist die Lehrperson.

Unternehmen Sie bitte einmal den Versuch, sich an Ihre guten Lehrpersonen zu erinnern. Vermutlich fallen Ihnen drei, vier solcher Lehrkräfte ein. Interessanterweise gelingt es diesen, nachhaltig im Gedächtnis von Lernenden zu bleiben – und zwar über Jahre, ja Jahrzehnte hinweg. Das mag auf den ersten Blick nicht überraschen. Umso bedeutsamer wird, wenn man sich vor Augen führt, dass diese Lehrpersonen unter genau denselben Bedingungen gearbeitet haben wie die weniger wirksamen. Sie hatten dieselben Lernenden, dieselben Lehrpläne, dieselben Schulhäuser und auch dieselben Eltern. Und dennoch, ihnen gelang es besser als anderen, Lernen für Kinder und Jugendliche faszinierend, motivierend, wertschätzend und nachhaltig zu beeinflussen.

Eine kleine Randnotiz: Viele Eltern schauen sich mehrere Schulen an, wenn sie eine neue Schule für ihr Kind suchen. Ins Visier genommen werden die Ausstattung der Klassenräume, die Grünanlagen, die Sportstätten, die Mensa und dergleichen – erkennen Sie sich wieder? Allesamt wichtige Felder. Aber sie bestimmen nicht den Schulerfolg. Wichtiger wäre es, mit den Lehrpersonen über Erziehung und Unterricht zu sprechen, zu erfahren, wie sie über das Lernen denken, welche Rolle Fehler spielen, ob eine Kooperationskultur an der Schule herrscht und vieles andere mehr.

Vor diesem Hintergrund ist es verständlich, wenn eine der Kernbotschaften aus *Visible Learning* ist: Auf die Professionalität von Lehrpersonen kommt es an! Und auch im Fall von Sarah ist es nachvollziehbar, dass sie sich eine andere

Lehrperson wünscht. Ihrem Wunsch liegt eine große Portion empirischer Wahrheit zugrunde. Und dennoch: Ist es richtig, alles auf die Lehrperson zu schieben? Hätten Lernende und auch Eltern bei Problemen nur eine Chance, wenn die Lehrperson gewechselt würde?

Wir möchten diesen Schluss aus zweierlei Sicht zurückweisen und dafür eintreten, dass erstens Schulerfolg immer auch eine große Portion Selbstverantwortung umfasst und zweitens Kooperation immer besser ist als Konfrontation. Letztere kann und darf nur äußerstes Mittel sein.

Auch wenn Lehrpersonen entscheidend für den Schulerfolg sind: Lernen müssen Kinder und Jugendliche immer noch selbst. Zu sagen: »Diese Lehrperson ist verrückt, und bei ihr kann ich nichts lernen« ist eine Ausrede – und keine besonders gute. Dies lässt sich auch an den Daten von *Visible Learning* ablesen. Denn darin haben Faktoren wie »Selbstkonzept« (die Vorstellung, die wir von uns haben), »metakognitive Strukturen«, »Gewissenhaftigkeit«, »Einsatz, Anstrengung und Ausdauer« ausgesprochen hohe Effekte auf die Lernleistung. Darüber hinaus lernen wir nicht nur für die Schule, sondern für das Leben. Die Schule selbst ist ein Lebensort: Man trifft zufällig auf Menschen mit unterschiedlicher Herkunft, unterschiedlichen Interessen und unterschiedlichen Charakteren. Keinen hat man sich ausgesucht. Und nun ist es die Aufgabe, mit allen für eine begrenzte Zeit auszukommen, sich zu arrangieren und gemeinsam aus der Schul- eine erfüllte Lebenszeit zu machen. Konflikte sind programmiert und Teil des Lebens. Sie zu lösen, das ist die Aufgabe – und nicht, vor den Konflikten zu fliehen, indem man Personen austauscht.

Noch eine weitere kleine Anmerkung: Da der Lernerfolg von der Persönlichkeit der Lehrkräfte abhängt, müssen wir sie stärken und sollten sie nicht schwächen! Wenn sich schon in Industriebetrieben die Erkenntnis durchgesetzt hat, dass ein hohes Maß an Fürsorge für die Mitarbeiter und emotionaler Kompetenz in der Führungsebene unverzichtbar sind für einen gesunden und wirtschaftlich erfolgreichen Betrieb, um wie viel mehr gilt dies für Schulen, in denen das Wichtigste und Fragilste, was wir haben, entwickelt werden soll? Lehrerzimmer dürfen keine Haifischbecken sein! Wo jede Initiative totgeredet, jede beliebte Lehrkraft neidisch beäugt und möglichst vor den Schülern niedergemacht wird. Wo viele sich auf Sonderaufgaben zurückziehen und die Kärrnerarbeit anderen überlassen. Wo Angst sich breit macht und Hilflosigkeit. Schulleiter oder Schulleiterin zu sein erfordert viel Einfühlungsvermögen, Führungsqualität und pädagogische Kompetenz. Nicht alle unserer Schulen sind damit gesegnet. Aber was ist zu tun, wenn – was in manchen staatlichen und städtischen Institutionen durchaus vorkommen soll – an der Spitze der Schulleitung eben doch nicht der ideale Lehrer beziehungsweise die ideale Lehrerin mit Führungsqualitäten anzutreffen ist? Schließlich wurde das sogenannte Peter-Prinzip im öffentlichen Dienst entdeckt. (Das Peter-Prinzip ist eine These des Erziehungs- und Sozialberaters Laurence J. Peter, die besagt, dass in einer Hierarchie jeder Beschäftigte dazu neige, »bis zu seiner Stufe der Unfähigkeit aufzusteigen«.[22]) Dann ist zu hoffen, dass sich innerhalb des Kollegiums genug Kräfte finden, die gut und effektiv zusammenarbeiten, wie eine gute Fußballmannschaft. Wenn Führungsschwäche Strukturlosigkeit entstehen lässt, Bürokratie jede Initiative erstickt oder innerhalb der Lehrerschaft gemobbt wird, kann der Auftrag der Schule nicht mehr erfüllt werden.

Kooperation zwischen Schule und Eltern:
Motor des Schulerfolgs

Ebenso wie Schülerinnen und Schüler für den Schulerfolg verantwortlich sind, müssen auch Eltern Verantwortung übernehmen. Aus diesem Grund steht im Grundgesetz der schöne Satz: »Pflege und Erziehung der Kinder sind das natürliche Recht der Eltern und die zuvörderst ihnen obliegende Pflicht« (Artikel 6 Absatz 2). »Zuvörderst«: ein altertümlich klingendes Wort auf den ersten Blick. Aber es macht deutlich, wer im Kern die Hauptverantwortung trägt. Es sind die Eltern. Nun könnte man einwenden, wenn die Kinder in der Schule seien, sei der Einfluss doch dahin, mehr und mehr, je älter die Kinder werden. Forschungen belegen aber genau das Gegenteil: Eltern können sich sehr wirksam einbringen, wenn sie mit der Schule kooperieren. Ob das die gemeinsamen Werte sind, die mitgetragen werden, ob das Schulfeste und Schulfeiern sind, bei denen sich Eltern engagieren, ob das eine Klassenfahrt ist oder ein Elternabend, es gibt viele Möglichkeiten der Zusammenarbeit.

Dies heißt nun nicht, dass alle Eltern sich permanent in der Schule präsentieren sollten, um »sich einzubringen«. Da würde es in der Lehranstalt wohl schnell zu eng werden … Kooperation muss nicht immer demonstrativ verlaufen, sondern sollte ebenso im Stillen geschehen: Wenn Eltern Hausaufgaben kontrollieren, Entscheidungen von Lehrpersonen mittragen oder bei den Kindern um Verständnis für das manchmal durchaus sperrige System Schule werben, dann kooperieren sie auch – und zwar in einer der wirksamsten Weisen, die empirisch nachgewiesen werden können. Reden Sie also mit Ihren Kindern über die Schule, über das Lernen und über Freunde. Schenken Sie Ihren Kindern ein offenes Ohr für eine der längsten und wirksamsten Phasen des Lebens. So leisten Sie als Eltern einen wichtigen Beitrag dazu, dass diese Zeit auch zu einer der schönsten wird.

Wie wichtig Eltern für das Leben von Kindern sind, unterstreicht die sogenannte LifE-Studie.[23] Darin konnte nachgewiesen werden, dass der Einfluss sogar über den Tod der Eltern hinausgeht. Der Grund dafür ist, dass wir oft die Vergangenheit verklären und uns so an die Stärken von Verstorbenen besser erinnern als an ihre Schwächen. So entsinnt man sich Jahre später noch der guten Handlungen und der entscheidenden Sätze seiner Eltern, auch wenn sie schon längst nicht mehr leben. Allerdings tritt diese Wirkung nicht automatisch ein. Entscheidend ist, dass Eltern ihre Verantwortung wahrnehmen und ihren Kindern immer wieder zur Seite stehen. Diese Art wohlwollender Sorge hat übrigens nichts mit Überbehütung zu tun.

Zurück zu den Reinhardts: Was hätten Schritte der Kooperation sein können? Die Eltern hatten Sarah angeboten, ein Gespräch mit der Lehrerin zu suchen und gegebenenfalls auch mit der Schulleitung. Sarah wollte es nicht, und die Eltern gaben nach. Das war aus mehreren Gründen ein Fehler: Erstens ist es die Pflicht einer Lehrperson, mit Eltern über Probleme zu sprechen. Insofern hätte dieses Gespräch auf jeden Fall stattgefunden. Dass sich Sarah dieser Verpflichtung einfach entzog, ist nicht in Ordnung. Die Eltern hätten darauf bestehen müssen. Zweitens ist Schulerfolg immer das Resultat des Zusammenwirkens von allen Beteiligten und nicht das Ergebnis des Handelns einer einzelnen Lehrperson. Auch die Lernenden, auch die Eltern, alle zusammen tragen Verantwortung und müssen sie wahrnehmen. Sarahs Eltern hätten wie gesagt auf dem Gespräch bestehen müssen.

Wenn die Probleme der Lehrerin umfassender sind, so hätte man der Lehrerin auch anbieten können, gemeinsam nach Lösungen zu suchen. Man hätte beispielsweise den Klassenelternsprecher – genau für solche Fälle sind sie da! – einbinden und überlegen können, was getan werden kann, damit die Situation nicht eskaliert. Eine Idee wäre ein Elternabend gewesen, um der Lehrerin die Gelegenheit zu geben, Rede und Antwort zu stehen. So etwas ist natürlich kein leichter Weg für eine Lehrkraft. Aber die Eskalation ist der weitaus schwierigere. Die Lehrerin hätte sich hierfür mit kollegialer Unterstützung vorbereiten können. Ziel des Elternabends hätte sein können, die Disziplinschwierigkeiten in den Griff zu bekommen, damit Lernen im Unterricht wieder erfolgreich ist und Freude bereitet. Alle Eltern würden diesem Ziel zustimmen! Und dann müsste es in diesem und anderen Elternabenden darum gehen, einen gemeinsamen Fahrplan zu entwickeln: Die Lehrerin ändert im Unterricht etwas, was sie in der kollegialen Vorbereitung am Elternabend vorstellt, und die Eltern werden mitgenommen, damit sie mit ihren Kindern entsprechende Gespräche führen. So werden Kräfte gebündelt.

Sie merken es: viel »hätte«, »müsste«, »sollte«. Und in der Tat ist es so – es gibt keinen sicheren Plan zur Lösung von Konflikten. Insofern sind es immer Unwägbarkeiten, die zu beachten sind und vor allem kommunikatives Geschick und Feingefühl erfordern.

Wenn alle Versuche
der Kooperation scheitern

Natürlich kann eine ausweglose Situation entstehen. Eltern, Schüler und Lehrer können dermaßen ineinander verbissen sein und sich gegenseitig schaden, dass nur eine saubere Trennung möglich ist. Aber hier gilt die gleiche Regel wie bei anderen Scheidungen auch: Wenn man nicht verstanden hat, weshalb eine Beziehung gescheitert ist und welchen eigenen Anteil man selbst daran hatte, läuft man Gefahr, das unbewältigte eigene Problem weiterhin mit sich zu führen und auch in der nächsten Beziehung zu scheitern.

Diese Überlegungen dürfen nicht missverstanden werden. Es ist keineswegs unsere Empfehlung an Eltern, sich in jeder Hinsicht einem Lehrkörper zu unterwerfen. Im Gegenteil, wir wünschen eine neue und bessere Kultur der Zusammenarbeit. Der ältere von uns Autoren hat Eltern immer wieder über bestimmte Schulen seiner Heimatstadt klagen hören, dass beispielsweise Lehrer nur noch Dienst nach Vorschrift machten und sich kaum ein Lehrer für die Schüler interessiere und engagiere. Lehrerinnen wiederum erzählten, wie sie sich in den täglichen Auseinandersetzungen in den Schulen ausgebeutet, missverstanden und ausgebremst fühlten. Wir sind davon überzeugt, dass diese beklagenswerten Zustände nur eine Minderheit unserer Schulen betreffen, auch wenn digitale und Printmedien gern einen anderen Eindruck erwecken. Aber in einer Gruppe von Menschen können wenige das gesamte Klima gründlich verderben.

Was können wir
von den Reinhardts lernen?

Den Reinhardts ist es nicht gelungen, das Problem zu lösen. Zu schnell suchten sie den Weg zum Anwalt, zu sehr setzten sie die Schule unter Druck. Zwar konnten sie erreichen, dass die Lehrerin zum Ende des Schuljahrs die Klasse ihrer Tochter abgeben muss. Aber die sozialen Probleme, die Sarah hatte und sie im Kern weitaus mehr beschäftigten als die Lehrerin, sind damit nicht gelöst. Hinzu kommt, dass es auch mit den Jungs nicht so läuft, wie Sarah es gerne hätte.

Im nächsten Schuljahr kommt schließlich ein Lehrer, der an Strenge nicht zu überbieten ist. Vorgewarnt durch die Geschichte mit der Lehrerin, greift er von Anfang an konsequent durch und passt bei allen Sanktionen auf, dass sie rechtskonform sind. Es gibt keine disziplinarischen Probleme bei diesem Lehrer – aber es kommt auch keine Freude beim Lernen auf, und damit ist dieser Unterricht alles andere als angenehm und motivierend. Sarah moniert dies, aber zusammen mit den Eltern kommt ihr dann doch die Einsicht, dass man nicht jede Lehrperson aus dem Weg räumen kann, die einem nicht passt. Sie beugt sich ihrem Schicksal und versucht, das Beste daraus zu machen.

Das ist der wichtigste Schritt für Sarah und in diesem Sinn die Schule des Lebens. Denn mit dieser Einsicht ist die Gelassenheit zurückgekehrt. Sie findet neue Freundinnen, Mitschülerinnen, die sie früher nicht mochte, und lernt andere Jungs kennen – endlich kommt es auch zur ersten Liebelei, und vieles wendet sich zum Guten. Auch Sarahs Eltern haben die Erfahrungen im Kampf gegen die schlimme Lehrerin nachhaltig verändert. Seitdem nehmen sie ihre Rolle als Eltern mit mehr Gelassenheit wahr als früher.

Ziehen wir an dieser Stelle wieder eine Zwischenbilanz zu dem Thema, worauf es im Umgang mit einer »unliebsamen« Lehrkraft ankommt:

- Die Schule bereitet unsere Kinder auf das Leben vor. Auch dort gibt es nicht nur Wunschpartner. Unsere Kinder müssen lernen, mit schwierigen Partnern umzugehen. Sie können das!
- Wohlwollende Kritik von Eltern und Kollegen verwandelt schlechte Lehrer in gute Lehrer, ähnlich wie schlechte Schüler in gute Schüler. Destruktive Kritik ist kontraproduktiv.
- Der Lernerfolg hängt in hohem Maß von der Persönlichkeit der Lehrkraft ab. Die Kooperation von Schule und Elternhaus ist entscheidend. Auch deshalb muss man miteinander statt übereinander reden.

Alle, die an der Erziehung von Kindern beteiligt sind, müssen sich über ihre Vorstellungen von Lernen und von Bildung klar werden und austauschen. Nur so ist es möglich, zum Wohl des Kindes zu entscheiden und zu handeln. Insofern ist es hilfreich, sich in die andere Person zu versetzen und von dem Grundsatz auszugehen, dass diese nach bestem Wissen und Gewissen handelt. Damit ist die erste Voraussetzung gegeben, damit Kommunikation zu Kooperation und Kooperation zu Erfolg wird.

Kontroverse 3:
Die Schule – was kann sie, was soll sie zwischen Wunschdenken und Realität?

Die Schule ist ein Spiegel der Gesellschaft. In ihr zeigen sich deutlich allgemeine soziale Konflikte. Angesichts der vielbeschriebenen Spaltung unserer Gesellschaft und vor dem Hintergrund von Abstiegsängsten der sogenannten Mittelschicht ist es nur natürlich, dass Eltern mit aller Kraft versuchen, ihren Kindern bestmögliche Startmöglichkeiten zu verschaffen. Andererseits verfolgen Sozialpolitiker das Ziel, durch die Schule eine höhere soziale Gerechtigkeit zu erzeugen. Dabei sind zwei Tatsachen unbestritten: Bildung ist das wesentliche Kapital unseres Landes in der weltweiten Konkurrenz, und eine breitgefächerte Bildung von möglichst vielen sozialen Gruppen ist Garant einer stabilen Demokratie. Die Anforderungen an die Schule sind dementsprechend groß. Sie soll Kinder auch von bildungsferneren Eltern dazu befähigen, mit Mittelstandskindern mitzuhalten, ohne Letztere in ihrem Wettlauf um die besten Startplätze ins Berufsleben zu behindern.

Bildungspolitiker unternehmen immer wieder Versuche, diese Quadratur des Kreises zu erreichen, zum Teil mit untauglichen Mitteln, sodass Bildungswissenschaftler auch von ungeeigneten Experimenten auf dem Rücken der Kinder sprechen.

Betrachtet man die Situation ein wenig von außen, mit etwas Abstand, so entsteht der Eindruck, dass zurzeit niemand mit dem aktuellen Schulbetrieb zufrieden ist. Wie soll beispielsweise eine Lehrerin oder ein Lehrer in der gleichen Grundschulklasse voller Humor und Einfühlungsvermögen in jeder Situation auf jedes unruhige, auch jedes verhaltensauffällige Kind eingehen, wie immer wieder gefordert wird? Wie soll es persönlich und individuell gefördert werden, auch wenn Verständnis und Unterstützung durch die Eltern ausbleiben? Wie soll gleichzeitig für absolute Ruhe im Klassenzimmer gesorgt sein, damit keines der leicht ablenkbaren Kinder sich veranlasst sieht, abzuschweifen oder die Aufmerksamkeit aller auf sich zu ziehen, mit welchen Mitteln auch immer? Wie soll andererseits die alleinerziehende Mutter nicht durchdrehen, wenn ihr Kind wegen der anhaltenden Disziplinlosigkeit der anderen Schüler im Unterricht nichts mitbekommt und sie deshalb stundenlang Nachhilfe geben muss? Was macht der Kinderarzt angesichts der anscheinend immer größer werdenden Zahl von Kindern mit familiären oder schulischen Problemen, Verhaltensauffälligkeiten und Entwicklungsstörungen?

Dabei könnte es so einfach sein: Eltern, Lehrer und Kinderärzte tragen gemeinsam Sorge für unsere schulpflichtigen Kinder und erfüllen je verschiedene Aufgaben. Den Eltern obliegt primär die Erziehung der Kinder. Eine übergroße, gar bevormundende staatliche Einflussnahme auf Inhalte der Erziehung, wie sie in totalitären Staaten praktiziert wird, ist nicht erwünscht, auch aus historischen Gründen. Gleichwohl sind wir als Teilhaber unseres Sozialsystems auf gemeinsame Wertvorstellungen angewiesen.

In Bezug auf die Schule sehen wir beide die Aufgaben der

Eltern darin, ihren Kindern eine Grundausstattung an Lern-
motivation und sozialer Kompetenz mitzugeben, die sie für
den Regelunterricht befähigt. Ist dies nicht oder nicht ohne
Weiteres möglich, sollten früh Hilfen organisiert werden.
Beispielsweise sind Grundkenntnisse der deutschen Sprache und Grundformen sozialen Umgangs zu fordern.

Die Aufgaben der Lehrkräfte bestehen in der Vermittlung
von Fachwissen (Lehre), der kindgerechten Aufbereitung
des Fachwissens (Didaktik) und der kindgerechten Strukturierung des Schulalltags (Pädagogik). Die reine Lehre, das
heißt die Bereitstellung von Fachwissen, rückt im Lauf der
Schulkarriere immer stärker in den Vordergrund. Die Pädagogik soll jedes Kind individuell fördern. Auch Kinder
mit unterschiedlichen Begabungen sollen, ausgehend von
ihrem individuellen Entwicklungsstand, ihre eigene Best-
leistung erreichen. Pädagogische Aufgaben beziehen sich
in erster Linie auf den Schulalltag, auf das soziale Lernen,
die Interaktion der Schüler untereinander und die der Schüler mit dem Lehrer, auf fachspezifische und fach*un*spezifi-
sche Leistungsmotivation.

Dem Kinderarzt kommt eine Mittlerrolle zu. Er wird zurate gezogen bei Erziehungsproblemen, Verhaltensauffälligkeiten, emotionalen oder intellektuellen Abweichungen,
gesundheitlichen Gefährdungen des Schulerfolgs, Interaktionsstörungen in der Schule und/oder der Familie. Vorsorgeuntersuchungen, deren Umfang und Intensität in den
vergangenen Jahren sinnvollerweise immer stärker ausge-
baut wurden, sollen Gefährdungen früh erkennen und somit beheben lassen.

Die Liste an Vorwürfen, die Eltern und Schüler dem
Schulsystem und einzelnen Lehrkräften gegenüber publi-
kumswirksam in Zeitungen, Internetplattformen und poli-

tischen Stellungnahmen äußern, ist lang: Lehrer würden nur aussortieren, statt die jungen Menschen zu fördern, das Schulsystem begünstige die Kinder der Reichen, die Notengebung sei ungerecht und würde Kinder nur demotivieren, statt sie zu ermutigen, unsere Schulen würden die Kinder nicht hinreichend auf das Berufsleben vorbereiten, viele könnten nicht ausreichend rechnen, schreiben und lesen, Hochschulen könnten mit dem üblichen Abitur nichts anfangen, die Industrie sei entsetzt darüber, wie schlecht Azubis und Berufsanfänger ausgebildet seien, Lehrer würden Hochbegabung nicht erkennen, vor allem nicht fördern, weniger begabte Kinder nur ausgrenzen und nicht ausreichend unterstützen, »Inklusion« sei nur ein leerer Begriff, Lehrer seien faul und desinteressiert – nach dem Motto: »Lehrer haben vormittags recht und nachmittags frei.«

Wir beenden die Liste an dieser Stelle mit der Frage: Sind die Menschen und Institutionen, denen wir das Wertvollste anvertrauen, was wir haben, unsere Kinder, denn wirklich so schlecht?

Die Liste der Gegenvorwürfe ist wie gesagt nicht viel kürzer: Lehrer monieren, dass die Schüler Grundformen des normalen Benehmens nicht beherrschen, dass sie jederzeit anderen Mitschülern und der Lehrperson ins Wort fallen, Lehrpersonen verbal und körperlich attackieren und verleumden, während des Unterrichts essen, trinken und Süßigkeiten naschen, mutwillig den Unterricht stören, Mitschüler hänseln, Intrigen spinnen, Hausaufgaben vernachlässigen, unmotiviert und träge das Ende des Unterrichts abwarten und vieles andere mehr. Eltern würden sich meist der Zusammenarbeit entziehen, viele ihre egoistischen Interessen mithilfe von Anwälten durchsetzen, man habe Angst vor den Schülern und ihren Eltern und fühle sich im Stich gelassen.

Der Kinderarzt, der in der Regel auf der Seite des Kindes steht, ist oft erstaunt ob der Fülle und der Wucht der Klagen. Es fällt ihm meist schwer, nicht einseitig Stellung zu beziehen. Er tut aber gut daran, stets auch die andere Seite zu hören, also das Gespräch mit der angefeindeten Lehrkraft zu suchen. Er sollte nie übersehen, dass die vorgetragenen Schulprobleme Teil eines familiendynamischen Prozesses sein können, den es zu berücksichtigen gilt.

Wie wichtig es für den Kinderarzt sein kann, geduldig zuzuhören und sich vor vorschnellen Parteinahmen zu hüten, soll ein Beispiel aus der Praxis zeigen:

Ein in seinem Auftreten durchaus »robuster« Vater beschwert sich beim Kinderarzt über eine Lehrerin, die seinem zwölfjährigen Sohn im Unterricht zu nahe getreten sei und ihn dabei an der Schulter gepackt habe. Bei uns in Deutschland sei so etwas doch verboten. Er benötige unbedingt und sofort eine entsprechende Bestätigung, da er dafür sorgen möchte, dass die Lehrerin von der Schule fliege.

Solange der Vater zugegen war, unterstützte der Knabe die Forderungen seines Vaters durch eifriges Nicken. Unter vier Augen, also allein mit dem Kinderarzt, offenbart er nun allerdings die ganze Wahrheit: Ohne dass eine besondere Regung bei ihm erkennbar wäre, erzählt er, er habe seinen Nachbarn in die Seite geboxt, »nur so aus Spaß«, daraufhin sei die Lehrerin gekommen und habe sich eingemischt. Er habe ihr gesagt, dass sie sich nicht einmischen (»Hab dich nicht gerufen!«), sondern verschwinden solle. Als sie das natürlich nicht wollte, sei er derb geworden: »Hau ab, du Fotze!« Daraufhin habe die Lehrerin zu ihm gesagt: »Junge, so geht's nicht!«, und ihn an der Schulter angefasst. Auf die Frage des Kinderarztes, ob er denn Angst dabei gehabt habe, kommt die Antwort sofort mit einem verächtlichen Grinsen: »Wieso sollte ich denn vor *der* Angst haben?«

Mit dieser anderen Wahrheit konfrontiert, verzichtet der Vater auf weitere Unterstützung durch den Mediziner. Die Frage, welches Frauenbild wohl in dieser Familie herrschen mag, liegt natürlich nahe. Der Kinderarzt verkneift sich aber – vorläufig –, dieses Thema anzusprechen.

Grundsätzlich, aber auch angesichts der gewaltigen Aufgaben, die unsere Kinder und Enkel zu meistern haben werden, sollten wir Eltern, Großeltern, Lehrkräfte und Ärzte solche Grabenkämpfe unterlassen und in ihrem Interesse konstruktiv zusammenarbeiten!

Wenden wir uns wieder den Reinhardts zu.

Silvias innere Emigration

Bei Familie Reinhardt:
Episode Nr. 6

Sarahs »Schulkrankheit« scheint irgendwie ansteckend zu sein. Fast zeitgleich mit ihrem Kampf gegen die vermeintlich missgünstige Lehrerin gerät auch die schulische Laufbahn Silvias ins Trudeln. Ihre beste Freundin verlässt die Schule. Sie ist der Familienkrisen überdrüssig und fühlt sich vernachlässigt. Sie verlässt die Familie aber nicht wie ihre Schwester nach draußen, sondern nach innen: Sie zieht sich in ihr Kinderzimmer zurück. Stundenlang sitzt sie vor dem Fernseher und verfolgt das tragische Schicksal anderer Gleichaltriger in guten und schlechten Zeiten, lässt sich zeigen, wie man Deutschlands Topmodel wird, und versucht sich in interaktiven Computerserien und -spielen, bei denen sie gelegentlich ihren kleinen Bruder mit einbezieht. Oder sie beschäftigt sich mit ihrem Handy. Ihre Schulleistungen sinken.

Den Eltern ist früh bewusst, dass hier Gefahr droht, und überhäufen Silvia mit Ermahnungen: »Warum hängst du schon wieder am Handy?«, »Kannst du denn nicht irgendwann auch dein Zimmer aufräumen?«, »Du solltest dich auch mal gelegentlich am Haushalt beteiligen!«, »Merkst du denn nicht, wie bescheuert dieses Auswahlverfahren für ›Germany's Next Topmodel‹ ist?«, »Musst du denn immer nur mit dieser langweiligen Ursula rumhängen?«, »Kannst du dir denn nicht andere Freundinnen suchen?«, »Nimm dir doch mal ein Beispiel an deiner Cousine Sophie!« … Wir brechen die Aufzählung der Ratschläge hier ab.

Man kann sich vorstellen, wie die vordergründig gut gemeinten Ermahnungen auf Silvia wirken: kaum in der gewünschten Richtung! Im Gegenteil fühlt Silvia sich alleingelassen, jede Ermahnung zeigt ihr aufs Neue, wie wenig sie den Wünschen und den Ansprüchen ihrer Eltern genügt, noch dazu in einem Lebensabschnitt, in dem alles bisher Gelernte infrage gestellt wird, der Pubertät.

Wie kann man Silvia helfen, worauf sollten wir achten? Schauen wir uns wieder ein paar Themen dazu an.

Krisenbewältigung in der Pubertät

Die Klage über »die Jugend von heute« ist uralt und immer ähnlich im Tonfall, sodass uns sehr vertraut vorkommt, was bereits Sokrates vor fast 2500 Jahren beklagte:

Die Jugend liebt heutzutage den Luxus. Sie hat schlechte Manieren, verachtet die Autorität, hat keinen Respekt vor den älteren Leuten und schwatzt, wo sie arbeiten sollte. Die jungen Leute stehen nicht mehr auf, wenn Ältere das Zimmer betreten. Sie widersprechen ihren Eltern, schwadronieren in der Gesellschaft, verschlingen bei Tisch die Süßspeisen, legen die Beine übereinander und tyrannisieren ihre Lehrer.[24]

Die Welt, in die wir unsere Jugendlichen entlassen, ist unruhig. Wer wundert sich da über unruhige Jugendliche, vor allem wenn der Hormonsturm über sie hereinbricht und sie sich überall neu zurechtfinden müssen, in der Schule, in der Familie, in den diversen sozialen Netzwerken?

Psychische und psychosomatische Probleme sind im Jugendalter nicht selten. Der renommierte Kinderarzt Adrian Kamper notiert:

> *Um so manche Verhaltensweise Jugendlicher nachvollziehen zu können, ist das Verständnis des gesteigerten Narzissmus mit verstärkter Besetzung des Selbst in der Adoleszenz erforderlich. Die Grenzziehung zwischen noch gesund oder schon krankhaft ist mitunter schwierig. Selbstüberschätzung, erhöhter Selbstwahrnehmung und Größenideen stehen eine herabgesetzte Realitätsprüfung, mangelnde Empathie-Fähigkeit und extreme Empfindlichkeit gegenüber. Stimmungsschwankungen und Schwarzweißdenken gehören zu dieser Lebensphase.[25]*

Moderne Methoden erklären teilweise die Veränderungen, die im Hirn unserer pubertierenden Kinder stattfinden: Am Beginn der Pubertät werden viele Lerninhalte gelöscht. Man sieht dies daran, dass das Gehirn bis zu 10 Prozent seines Gewichts verliert. Das betrifft vor allem die weiße Substanz, die nach jüngsten Erkenntnissen der Neurowissenschaft beim Lernen neuer Inhalte, aber auch für die Sozialkompetenz eine wichtige Rolle spielt. Über den biologischen Sinn dieses Abbauprozesses, den man nicht nur bei uns, sondern auch bei nah verwandten Primaten feststellen kann, lässt sich trefflich spekulieren. Wahrscheinlich erleichtert er die Anpassung an neue Lebensbedingungen, sobald Heranwachsende die ursprüngliche Horde verlassen beziehungsweise verlassen müssen. Dieser Verlust an Hirnsubstanz ist übrigens nicht von Dauer, das ursprüngliche Hirngewicht wird rasch wieder erreicht. Das Besondere aber ist, dass zunächst die belohnenden Hirnzentren wiederaufgebaut werden, die kontrollierenden Zentren des Frontalhirns deutlich später. Somit können wir heute neurowissenschaftlich bestens erklären, weshalb pubertierende Jugendliche jeden Unsinn machen – und dies auch noch für gut halten.

Es ist also eine kritische Zeit. Eltern und Lehrern kann in dieser Periode so mancher schwerwiegende Fehler unterlaufen. Es mag passieren, dass sich Kinder völlig missachtet fühlen und sich aus Schule und Elternhaus zurückziehen. Was aber können Eltern tun, wenn sie die eine oder andere Erscheinungsform dieses Umbauprozesses im Gehirn für gar nicht gut halten? Der einzig vernünftige Rat dazu lautet: Linie halten und zuwarten. Geduld haben. Die Erkenntnis, dass die Alten doch nicht alles falsch gemacht haben, nannte Sigmund Freud den »späten Gehorsam«. Er tritt selten vor dem vierzigsten Lebensjahr ein. So lange zu warten ist natürlich nicht möglich, aber es bessert sich schon vorher. Chancen der Unterstützung dürfen natürlich nicht vertan werden.

»Null Bock« – wenn Schule keine Freude (mehr) macht

Außer schweren Krankheiten ist wohl das Schlimmste, was Eltern und Lehrern widerfahren kann, wenn sich ihre Kinder beziehungsweise ihre Schüler zu langweiligen und gelangweilten Jugendlichen entwickeln, zu Kindern, die keine Interessen verfolgen und stumpf in den Tag hineinleben. Es ist sicherlich eine der bedenkenswertesten Beobachtungen zum Schulsystem: Nahezu alle Kinder (95 Prozent) freuen sich, wenn sie endlich zur Schule gehen dürfen. Diese Freude aber währt nicht lange. Während manche schon im ersten Schuljahr ihre Freude an der Schule verlieren, trifft es den Großteil spätestens nach dem Übertritt ins Gymnasium und sinkt auf einen Tiefstand von 37 Prozent in der neunten Jahrgangsstufe. Erst zum Ende der Schulzeit hin steigt die Freude an der Schule wieder an, erreicht aber höchstens 45 Prozent. Dieses Phänomen des Verlustes und allmählichen Wiedergewinns der Schulfreude ist in erziehungswissenschaftlichen Kreisen bekannt als die »Jenkins-Kurve«.[26]

Ein Grund dafür ist ohne Zweifel die Art, wie Schule leider ablaufen kann. Die Kinder und Jugendlichen werden nicht selten als Maschinen betrachtet, die funktionieren müssen. Und je besser sie funktionieren, desto erfolgreicher durchschreiten sie das System. Kreativität geht dabei ebenso verloren wie kritisches Denken. Langeweile, die zudem entsteht, saugt nicht selten den letzten Geist aus den Körpern heraus und führt zu weitreichenden negativen Folgen. Vielen Kindern und Jugendlichen macht dieses System wenig aus. Sie lernen sehr schnell, das Spiel zu spielen – *gaming the system* heißt das im Englischen und ist sicherlich auch eine Schlüsselkompetenz. Schule wird damit zur Schule des Lebens.

Aber was tun wir mit den Jugendlichen, die daran zu zerbrechen drohen? »Null Bock« ist meistens der Ausdruck einer Orientierungslosigkeit und ein Anzeichen des Rückzugs aus sozialen Bezügen. Lehrpersonen sollten daher immer wieder Kinder und Jugendliche mit ihren Interessen, Wünschen und Bedürfnissen ins Zentrum des Unterrichts stellen. Und in gleicher Weise sollten dies auch Eltern tun. Sie sollten nachfragen, wie es ihrem Kind geht, sich erkundigen, was es gelernt, mit wem es gespielt, wo es neue Erfahrungen gesammelt, welche neuen Freunde es gefunden hat. Und sie sollten Zeit mit ihrem Kind verbringen, in der sie weniger sprechen als zuhören. Das Kind muss das Gefühl bekommen, dass Eltern und Lehrer Interesse an ihm haben.

Sieht man sich Fälle von Kindern und Jugendlichen an, die zwar körperlich gesund sind, deren schulische Leistung aber dennoch plötzlich abfällt und deren soziale Integration dramatische Veränderungen annimmt, so stellt man aber häufig fest: Es gibt nicht nur einen Grund, der ursächlich dafür ist, dass ein Kind »null Bock« hat. In der Regel ist es ein Bündel von Faktoren, zum Beispiel Reizüberflutung, Schlaf- und Bewegungsmangel, falsche Ernährung oder Verwahrlosung.

Ein *unkontrollierter Medienkonsum* fesselt Kinder und Jugendliche mehrere Stunden am Tag vor die Bildschirme. Dass diese Zeit dann für Lernprozesse und auch für Freundschaften verloren geht, liegt auf der Hand. Der Mensch kann jede Minute seines Lebens nur einmal leben.

Mit unkontrolliertem Medienkonsum geht nicht selten ein *Bewegungsmangel* einher. Der römische Dichter Juvenal schrieb in seinen *Satiren* (X, 356): »Orandum est, ut sit mens sana in corpore sano.« Dieser Wunsch gilt auch in unseren Zeiten: »Beten sollte man darum, dass ein gesunder Geist in einem gesunden Körper sei!« Heute versteht man dies meist als Ironie angesichts der Tatsache, dass so mancher Muskelprotz nicht immer der Klügste zu sein scheint. Umgekehrt ist es aber auch nicht sinnvoll! Idealerweise kommt beides zusammen: ein gesunder Geist und ein gesunder Körper. Jeder von uns kennt das Gefühl, dass es einen an die frische Luft zieht, wenn man über einen längeren Zeitraum keine Bewegung hatte – gerade nach längeren Regentagen, an denen es nicht angenehm war, vor die Haustür zu treten. Nun kann der Mensch diesen Drang nach gesunder Bewegung mittels Ablenkung durch die allenthalben bekannten Medien und durch die damit einhergehende Gewohnheit unterdrücken. Dann ist das Kind irgendwann sozusagen in den Brunnen gefallen, und es wird immer schwerer, es dort wieder herauszuholen. Insofern greift hier ein Grundsatz: Prävention ist besser als Intervention! Eltern, Lehrer und Kinderärzte sind gut beraten, bei den ersten Anzeichen einer derart ungünstigen Entwicklung mit den Kindern und Jugendlichen zu sprechen und ihre Verantwortung als Eltern, Lehrer und Kinderärzte wahrzunehmen. Das heißt nicht, in einen unkontrollierten Aktionismus zu verfallen. Aber wachsam zu bleiben, den Kontakt zu den Kindern immer wieder zu suchen – ein schmaler Grat, das ist uns bewusst, der allerdings nicht breiter wird, wenn man ihn meidet.

Häufig ist *schlechte Ernährung* mit überzogenem Medienkonsum und Bewegungsmangel kombiniert. Essen wird zur Nebensache. Es geht dabei nicht um eine bewusste Nahrungsaufnahme, sondern um schnelles Sattwerden – am besten noch mit kurzfristigen »Glücksgefühlen« in Form von ungezügelt vielen Süßigkeiten, fetten und kohlenhydratreichen Nahrungsmitteln, den Auslösern für Übergewicht und Fettleibigkeit. Wer als Mutter oder Vater glaubt, Kinder könnten für sich allein die richtige Art der Ernährung finden, der sei gewarnt und mit der Realität konfrontiert. In Deutschland gab es noch nie so viele übergewichtige Kinder, Jugendliche und Erwachsene; und gleichzeitig gab es noch nie so zahlreiche – auch gesunde und gleichzeitig wohlschmeckende – Lebensmittel wie heute. Das Angebot ist also nicht das Problem, sondern der Umgang damit. Beratung und kontrollierende Begleitung sind gefordert.

Schlafmangel ist der nächste Auslöser für Schulunlust. Kinder und Jugendliche, die viel Zeit im Sitzen verbringen, sich wenig, meist zu wenig, bewegen und noch dazu schlecht ernähren, verlieren einen gesunden Schlafrhythmus. Bis tief in die Nacht hinein sehen sie fern, chatten oder spielen, spätabends marschieren sie noch zum Kühlschrank oder schlingen Chips hinunter.

All das stört den Biorhythmus und schadet nachhaltig. Die bereits erwähnte Studie *Visible Learning*[27] beweist: Schlafstörungen und ein aus der Norm gefallener BMI (Body-Mass-Index, Grad des Übergewichts) haben hoch negative Effekte auf die Schulleistung, Computersucht und Langeweile ebenso. Diese Gefahrenquellen sind rechtzeitig anzugehen. Mithilfe der Ordnungstherapie, die wir im Folgenden darstellen, kann man frühzeitig und vorbeugend eingreifen.

Schulfreude wiedererlangen und Langeweile besiegen: die Ordnungstherapie

Silvias Eltern holen sich rechtzeitig professionellen Rat. Zusammen mit der Schulleitung und einem Psychologen, der die Familiengeschichte der Reinhardts und ihre Dynamik kennt, entwickeln sie ein Programm, das Silvias Rückkehr in das soziale Leben ebnen soll. In dieses Programm wird auch Silvias Kinderarzt mit einbezogen, der als neutraler Vermittler – außerhalb von Schule und Elternhaus – die Interessen Silvias vertritt und ihr helfen kann. Der wichtigste Grundsatz bei allen Plänen: *mit* Silvia zu reden statt *über* sie. Bei allem muss sie das Gefühl haben, persönlich anerkannt und gemeint zu sein.

Der erste und wichtigste Schritt für Silvia ist, dass sie lernt, ihren Tag sinnvoll einzuteilen, und sich auch Rechenschaft darüber gibt, was sie plant und ausführt. Das soll sie natürlich möglichst selbstständig erreichen, aber Disziplin, vor allem Selbstdisziplin, muss erlernt und geübt werden.

In solchen Fällen ist eine Strukturierung des Tagesablaufs im Sinne einer Ordnungstherapie äußerst sinnvoll, die dem Prinzip folgt: »Das Richtige zur richtigen Zeit tun.« Im Fall von Silvias Familie kann der Kinderarzt die Ordnungstherapie führen und begleiten. Bei anderen Familien mag es ein kompetenter Verwandter, ein Psychotherapeut oder eine andere, außenstehende und neutrale Person sein, die das Vertrauen des betroffenen Kindes hat.

In der Kinderarztpraxis benutzen wir eine Art erweitertes Tagebuch, in dem sich vor allem ältere Schulkinder selbst Rechenschaft darüber geben, wie strukturiert ihr Tagesablauf ist, und gleichzeitig ihre Selbsteinschätzung mit der Einschätzung durch andere (vor allem Eltern und Lehrer) vergleichen. Der Einfachheit halber geschieht dies in Tabellenform. Die erste Spalte erfasst stundenweise den ganzen Tag, die zweite die Tätigkeit, der das Kind nachgegangen ist. Dazu gehören Pflichtaufgaben in Schule und Elternhaus, aber auch Ruhepausen, Trödeln, Durchhängen, Freizeit. Wichtig ist, dass das Kind die zweite Spalte möglichst vor Beginn der entsprechenden Tätigkeit ausfüllt und sich somit auch ein zeitliches Limit setzt. In der dritten Spalte notiert es, wie es diese Aufgabe hat erledigen können, welches Gefühl es dabei hatte, am besten in Form von Smileys oder Schulnoten. Es geht dabei nicht vordergründig oder ausschließlich darum, ob die einzelnen Arbeiten oder Tätigkeiten erfolgreich waren oder nicht, sondern um die eigene Zufriedenheit, das eigene Wohlgefühl. In die vierte Spalte schreiben Eltern beziehungsweise Lehrkräfte, wie sie das Kind bei der Bewältigung seines Tagesprogramms erlebt haben, ebenfalls in abgekürzter Form und ohne Kenntnis der Selbsteinschätzung des Kindes.

Eltern sollten darauf achten, dass das Kind die Tabellen selbstständig ausfüllt. Dies ist ein erster wichtiger Schritt, denn so wird das Kind dazu angehalten, seinen Tagesablauf so weit wie möglich selbst zu planen. Die Selbsteinschätzung in der dritten Spalte sollte ohne Einflussnahme von außen geschehen. Sobald das Kind seine Tagestabelle ausgefüllt hat, übergibt es sie seinen Eltern, wie gesagt ohne ihnen die dritte Spalte zu zeigen (durch entsprechendes Einfalten: Die Tabelle wird zweimal in Längsrichtung gefaltet, sodass die dritte Spalte unsichtbar wird, während die beiden ersten und die vierte sichtbar bleiben). Die Eltern geben ihre Einschätzung in der vierten Spalte zu Protokoll und beziehen Rückmeldungen aus Schule und Hort mit ein (siehe als Beispiel Silvias [fiktiven] Tagesplan vom 14. Januar 2020).

Nach etwa zwei bis drei Wochen wertet man mit einer neutralen Person (zum Beispiel dem Kinderarzt) die Protokolle aus. Verschiedene Aspekte sind wichtig:

Silvias Tagesplan
vom 14. Januar 2020

Zeitspanne (Uhrzeit)	Was hat Silvia in dieser Zeit gemacht?	Wie, nach Silvias Meinung?	Was meinen die anderen?
7.00–8.00	Aufstehen, waschen, eventuell duschen, ausgedehntes Frühstück, Bett richten, Schulweg	☺	Note 3
8.00–8.45	Pünktlicher Beginn, Deutschunterricht, Erörterung	☺	Note 2
8.45–9.30	Geschichtsunterricht, Französische Revolution	☺	Note 3
9.30–9.50	Pause, Verabredung mit Lisa und Ayla	☺☺☺	
9.50–10.25	Natur und Technik, »Ökosystem Grünland«	☺☺☺☺	Note 2, mag Tiere
10.25–11.20	Lateinunterricht, lateinische Lehnwörter im Deutschen	☺	Note 4
11.20–11.40	Pause, Fangen spielen, E-Mails checken	☺☺☺	Brav, sehr still
11.40–12.25	Physikunterricht, Elektrizität, Ohm'sches Gesetz	☺	Note 3, driftet ab
12.15–14.00	Sport	☺	Note 3, bemüht
14.00–14.30	Heimweg, zusammen mit Ayla	☺☺☺	
14.30–15.30	Mittagessen, beim Abräumen helfen	☺☺	☺☺
15.30–16.30	Treffen mit Freunden in der Wohnanlage, chillen	☺☺☺	☺☺
16.30–18.00	Hausaufgaben machen	☺	Note 3-4 dauert, unkonzentriert
18.00–18.30	Computerspiel (max. 30 Min./Tag!), E-Mails checken	☺☺	☺
18.30–19.30	Im Haushalt mithelfen, zu Abend essen	☺	☺☺ Lieb, fleißig
19.30–20.30	Familienrunde: ausnahmsweise »Mensch ärgere Dich nicht« spielen«, E-Mails checken	☺☺ Schön	Alle zusammen harmonisch
20.30–21.30	Schlafen gehen, lesen, einschlafen	☺	Okay
	Kinderzimmer aufräumen 1× die Woche, immer mittwochs	Blöd	

- War das Kind in der Lage, seinen Alltag zu strukturieren?
- Wie selbstständig war es?
- Wie vollständig ist die Tabelle?
- Sind genug Ruhezonen eingeplant?
- Benötigte das Kind fremde Hilfe?
- Wie selbstkritisch sieht es sich?
- Wie bewertet das Kind die Fremdeinschätzung durch Eltern respektive Lehrkräfte?
- Wie unterschiedlich sind Fremd- und Selbstwahrnehmung?
- Wie wertschätzen die Eltern ihr Kind?
- Mussten die Eltern oft eingreifen?

Oft gelingt es den Kindern nicht beim ersten Mal, dieses Instrument richtig zu nutzen. Ausreden werden vorgebracht, dass man eben keine Zeit hatte, angesichts der vielen sonstigen Pflichten auch noch diese Aufgabe zu bewältigen. Der Zeitaufwand beträgt höchstens zehn Minuten. Das Nachdenken darüber, was man denn Sinnvolles tun könne, um das auch aufzuschreiben, ist die Hauptarbeit, aber unverzichtbar. Ein weiteres Mal ist auch hier Beharrlichkeit angebracht – wie so oft in der Erziehung unserer Kinder. Häufig findet man aber in den Protokollen Lichtblicke, die es wahrzunehmen und zu intensivieren gilt, beispielsweise die Freude über ein Gespräch mit Freundinnen, über ein Lob der Mathematiklehrerin, einen gemeinsamen Familienabend, das Gespräch mit der Mutter bei der Küchenarbeit und so weiter.

Diese einfache Maßnahme hilft sehr häufig, auch Kindern mit psychischen Auffälligkeiten. Ein günstiger Nebeneffekt ist, dass Lehr- und sonstiges Erziehungspersonal auch ihre Aufmerksamkeit schärfen.

Silvias Eltern gehen also mit ihrer Tochter zum Kinderarzt und tragen gemeinsam ihr Problem vor. Von Anfang an lassen sie der Tochter den Vortritt und hören geduldig zu, welche Klagen sie zu führen hat, sowohl die Schule und die Familie als auch ihren Freundeskreis betreffend. Der Kinderarzt kennt die Familie schon lange und ist hoch erfreut darüber, dass die Eltern inzwischen zuzuhören gelernt haben, ja sogar – dies ist eine besondere Kunst – aktiv zuzuhören.

Silvia kann also ausführlich schildern, wie sie sich in der Schule und zu Hause alleingelassen fühlt, wie sehr sie unter der Missachtung – oder besser: Nichtbeachtung – mancher Mitschüler leide und wie ihr Schule so gar keine Freude mehr macht. Die Eltern wiederum zeigen Verständnis.

Dem Kinderarzt gelingt es, einzelne Ankerpunkte ausfindig zu machen, an denen Silvia Halt gewinnen kann. Sie wünscht sich nichts sehnlicher als einen Reitkurs, und wenn das nicht möglich sei, dann wenigstens einen eigenen Hund. Die Eltern widersprechen, sie könnten sich weder das eine noch das andere finanziell und zeitlich leisten. Aber sie würden sie dabei unterstützen, die eine oder andere Schnupperstunde zu organisieren. Silvia könne sich einen Teil der Kosten dafür auch selbst verdienen. Die Schnupperstunden könnten auch im Wochenplan fest verankert werden.

Apropos Wochenplan: Der Strukturplan kommt natürlich bald zur Sprache, Silvia ist zunächst nicht sehr begeistert, lässt sich das Ausfüllen aber als Gegenleistung abhandeln. Die Familie kann sich einigen. Silvia verspricht, die Tagespläne zu bearbeiten und mit Leben zu füllen.

Zwei Wochen später zeigt Silvia dem Kinderarzt ihre Tabellen, sie hat bisher einmal die Reitschule mit einer Freundin besucht. An manchen Nachmittagen gibt es größere Lücken, Silvia meint, ihr sei nichts Rechtes eingefallen, was sie hätte tun können. Außerdem hätte sie gemerkt, dass der Reitkurs samt kompletter Einkleidung doch sehr teuer werden würde.

Es fällt auf, dass sie selbst weniger Smileys beziehungsweise schlechtere Bewertungen eingetragen hat als ihre Lehrer und ihre Eltern. Besonders schön sei das Lob der Mathematiklehrerin gewesen. Sie wolle zu Hause mit den Eltern darüber diskutieren, ob sie die Freizeit (die Lücken in den Tabellen) dafür verwenden solle, das nötige Geld für die Reitstunden teilweise durch das Austragen von Zeitungen zu verdienen. Sie überlege aber auch, ob sie nicht lieber den Hund einer alten, schon gebrechlichen Nachbarin spazieren führen solle. Sie mag Hunde so gern, könne sich etwas Taschengeld verdienen und einer alten Frau eine Freude machen.

Der Kinderarzt deutet an, dass sich die zweite Lösung gut anhöre, Silvia sich natürlich aber selbst entscheiden müsse. Außerdem sei das Austragen von Zeitungen anstrengend, man müsse immer sehr früh aufstehen. Man vereinbart ein erneutes Treffen und – besonders wichtig – die allmähliche Reduktion des Tablet-Gebrauchs und vermehrt Aktivitäten im Freien. Die Mithilfe im elterlichen Haushalt ist kein Thema, gemeinsames Kochen macht Silvia Spaß. Silvia ist erleichtert darüber, dass in der Zwischenzeit alle Familienmitglieder in etwa gleiche Pflichten im Haushalt übernommen haben.

Mit der Zeit macht sie Fortschritte, auch in der Schule und im Umgang mit den Mitschülern. Die Eltern werden regelmäßig von den Lehrkräften über Silvias Verhalten unterrichtet, erfreulicherweise kommen immer mehr gute Nachrichten, ganz allmählich auch bessere Noten.

An den Elternsprechabenden nehmen beide Eltern regelmäßig teil, die Lehrkräfte sind zunehmend zufriedener und können darüber berichten, dass Silvia auch in der Gruppe wieder aktiv geworden ist.

Nach etwa drei Monaten kommt Silvia allein zu ihrem Kinderarzt und sagt, dass sie nun keine Tabellen mehr ausfüllen möchte, da jetzt alles – oder zumindest fast alles – wieder in Ordnung sei. Der ist zufrieden, die Mutter hatte schon angerufen und über Silvias »Wiederauferstehung« berichtet.

Was können wir von den Reinhardts lernen?

Die Reinhardts haben aus unserer Sicht alles richtig gemacht. Wir freuen uns, sie jetzt auch einmal loben zu können. Sie haben frühzeitig ein Problem erkannt und bemerkt, dass sie mit noch mehr Ermahnungen und guten Ratschlägen nichts würden erreichen können. Sie haben gelernt, aktiv zuzuhören, und darauf vertraut, dass Silvia ihren Weg wird meistern können. Sie holten rechtzeitig Hilfe. Dies geschah so früh, dass die Hilfe von außen nur kurze Zeit nötig war. Alles Weitere haben die Reinhardts aus eigener Kraft geschafft, in bester Kooperation mit hilfsbereiten und guten Lehrern.

Es ist also wieder Zeit für eine Zwischenbilanz:

• Manche Kinder, die sich nicht verstanden fühlen, ziehen sich zurück wie eine Schnecke in ihr Haus. Sie mit Ratschlägen und Ermahnungen zu überschütten hilft wenig. Nur wenn man sie ernst nimmt, kommen sie zurück.
• Pubertierende Kinder machen jeden Unsinn und finden das gut. Das war immer so und wird auch in Zukunft so sein. Dieser Zustand verminderter Berechenbarkeit

ist biologisch sinnvoll, aber normalerweise zeitlich begrenzt. Für Eltern und Lehrer heißt es: dranbleiben!

- Kinder müssen lernen, ihr Leben in eigener Verantwortung zu gestalten und den äußeren Realitäten anzupassen. Nur so können sie zu zufriedenen und aufrechten erwachsenen Menschen werden. Das Gefühl, sein eigenes Leben nicht gestalten zu können, macht krank.

Erfolgreich erziehen heißt führen und wachsen lassen – es hängt vom Gespür der Eltern ab zu wissen, was wann am besten für das Kind ist. Auch wenn es nicht immer leicht ist, gerade in schwierigen Phasen: Zutrauen und Vertrauen sind notwendig und den Kindern immer wieder entgegenzubringen.

Tobias, der traurige Klassenclown

Bei Familie Reinhardt:
Episode Nr. 7

Tobias hatte den von allen Familienmitgliedern gewünschten Übergang aufs Gymnasium zwar geschafft. Trotz einigermaßen passabler Noten im Übergangszeugnis scheiterte er auf dem Gymnasium schließlich unter anderem am Lateinunterricht und wechselte anschließend auf die nahegelegene Realschule. Es war sehr bitter für ihn, verlor er doch seine besten Freunde aus seiner ehemaligen Schule. Seine Eltern trösteten sich und ihn damit, dass der Besuch dieser Schule nur einen Umweg zur erhofften Hochschulreife darstelle.

In seiner neuen Schulklasse gehört Tobias nun zu den Älteren und Stärkeren. Er übernimmt gern Führungsrollen, beispielsweise beim Fußballspiel, und genießt es, dabei im Mittelpunkt zu stehen. Freundschaften entwickeln sich jedoch nur zähflüssig. Am liebsten würde Tobias sich zum Klassensprecher wählen lassen, kann dafür aber bei Weitem nicht die nötigen Stimmen seiner Mitschüler auf sich vereinen. Stattdessen übernimmt er zunehmend die Rolle des Klassenclowns, manche seiner Einlagen sind ausgesprochen amüsant und lockern den Unterricht spürbar auf, allerdings nicht immer zur Freude der Lehrer. Gegenüber einigen seiner Lehrer entwickelt er ein ausgeprägt aufsässiges Benehmen und Verhalten. Seine Mitschüler ermuntern ihn oft zu Streichen, denn Tobias – so heißt es – ist für jeden Unsinn zu haben.

Ein Streich geht aber ziemlich daneben. Drei Rädelsführer der Klasse hatten sich etwas Besonderes ausgedacht, um Fräulein Schwertfeger, die etwas betuliche ältere Musiklehrerin, zu ärgern. Sie hatten einen Schuhkarton mit Filz ausgekleidet, der mit roter Tinte getränkt war, und eine Hausratte hineingesetzt. Das Tier sollte überall Spuren hinterlassen, sobald es den Karton verlässt, rote Spuren, die man für Blut halten sollte. Natürlich hatte Tobias die Aufgabe übernommen, den Karton auf den Flügel im Musikzimmer zu stellen. Er wäre nicht erwischt worden, hätte er nicht aus Versehen den roten Filz im Karton berührt. So war für jeden der Hauptschuldige rasch erkennbar, auch für den Schuldirektor.

Als ein blauer Brief die Eltern erreicht, herrscht bei den Reinhardts helle Aufregung. Eltern und Lehrer wollen wissen, wer noch an dem Streich beteiligt war. Tobias aber bleibt standhaft, auch mithilfe seiner Schwestern, die den Eltern erklären, dass Petzen gar nicht geht, weil kein Klassenkamerad ihn in Zukunft je wieder ernst nehmen würde, wenn er die anderen verriete. Außerdem hat Tobias Glück im Unglück. Die Musiklehrerin und der Direktor zeigen sich weitaus humorvoller, als Tobias und seine Eltern befürchtet hatten. Im Elterngespräch – ohne Tobias – machen sie deutlich, dass sie Tobias' Rolle als Klassenclown durchaus als den hilflosen Versuch verstehen, sich in der Klasse beliebt zu machen. Dass er sich damit zum Narren macht, würde er oft zu spät merken. Man einigt sich darauf, dass der Streich natürlich eine Strafe nach sich ziehen werde, Tobias aber sinnvollerweise die Gelegenheit erhalten solle, sich durch Gruppenarbeit zu bewähren.

Liebe Eltern, liebe Kolleginnen und Kollegen, vielleicht stehen Sie vor ähnlichen Problemen. Was erscheint hier wichtig?

Schulwechsel: Herausforderung für Kinder und Eltern

Schulwechsel gehören zu den wenigen Faktoren, die eine hohe negative Wirkung auf die schulische Leistung von Kindern und Jugendlichen haben. Allein deswegen sollten sie immer nur dann in Betracht gezogen werden, wenn es keine andere Wahl gibt. Diese Situationen treten beispielsweise ein, sobald Eltern berufsbedingt umziehen müssen. Nicht selten neigen Eltern dabei dazu, zunächst ihre eigenen Probleme zu lösen. Das ist ohne Zweifel wichtig, auch sie müssen sich in einem neuen Umfeld zurechtfinden. Aber Kinder und Jugendliche brauchen bei einem Schulwechsel die volle Unterstützung ihrer Eltern. Dies gilt bereits für den Übergang von der Grund- in eine weiterführende Schule: Von einem Tag auf den anderen zählt man wieder zu den Kleinen, man bekommt neue unbekannte Mitschüler, man muss seine Rolle in der Gruppe von Gleichaltrigen finden, was oft schwierig ist, und schließlich hat man es mit lauter neuen Lehrpersonen in einem fremden Umfeld zu tun.

All dies ist nicht leicht, und durch das Scheitern in einer neuen Schulart legt das Problem nochmals an Schärfe zu – Tobias Reinhardt ist hierfür ein beredtes Beispiel. Denn dann gilt nicht nur, die neue Situation in den Griff zu bekommen, sondern auch, die eigene Fehlleistung zu verarbeiten. Nicht selten führt das zu Überforderung.

Kinder und Jugendliche reagieren hier häufig mit Rückzug oder verwandeln sich in einen Klassenclown. Beides sind auffällige Verhaltensweisen und im Kern Hilferufe. Sie wünschen sich und brauchen auch in diesen Lebensphasen ein offenes Ohr, Zuneigung und das Gefühl, dass jemand für sie da ist. Das eigene Selbstwertgefühl wird nämlich von verschiedenen Seiten infrage gestellt. Es ist also eine der dringlichsten Aufgaben von Eltern, das Kind zu unterstützen. Gelingt dies, so kann es gestärkt aus dieser Krise hervorgehen. Gelingt dies nicht, sind weitere Schwierigkeiten, beispielsweise eine Schulverweigerung, näher im Bereich des Möglichen.

Verbringen Sie also als Eltern im Falle eines Schulwechsels viel Zeit mit Ihrem Kind, hören Sie ihm aufmerksam zu, und fragen Sie gezielt nach, wie es ihm geht. Unternehmen Sie gemeinsam etwas, und stellen Sie möglichst auch bewusst einen Kontakt zu neuen Klassenkameradinnen und -kameraden her. So lässt sich der soziale Anschluss in der Schule unterstützen. Auch Gespräche mit der Lehrperson sind angeraten, damit sie bei Problemen frühzeitig informiert ist und Unterstützung leisten kann. Vermeiden Sie es, Kinder in dieser Phase des Lebens mit irgendwelchen Geschenken zu überhäufen. Zwar sind sie dann zeitweise »ruhiggestellt«, weil anders beschäftigt, aber die Probleme werden damit nicht gelöst.

Belohnen und Bestrafen

Auch wenn Belohnen und Bestrafen zu den häufigsten Formen der Rückmeldung in der Familie und auch in der Schule gehören, kann jede Mutter und jeder Vater bestätigen: Sie führen nicht immer zum gewünschten Ziel. So scheint es auch bei Tobias zu sein. Bei näherer Betrachtung seiner psychologischen Hintergründe ist es nicht verwunderlich, dass die Taktik des Belohnens und Bestrafens nicht wirkt. Denn sein Problem ist beileibe nicht einfach zu lösen. Hinzu kommt, dass uns alle nicht selten Zeitmangel in die Situation treibt, zu viel oder zu wenig, vor allem aber auch zu wenig reflektiert zu belohnen beziehungsweise zu bestrafen.

Einfach ausgedrückt, meint Belohnung, einem Menschen für ein erwünschtes Verhalten entweder etwas Schönes zuteilwerden zu lassen (zum Beispiel Fernsehzeit nach erledigten Hausaufgaben) oder etwas Unangenehmes zu erlassen (etwa durch die Verkürzung oder den Wegfall der vereinbarten Lernzeit). In diesem Sinn verläuft eine Belohnung entweder als positive oder als negative Verstärkung. In gleicher Weise verhält es sich mit Bestrafung. Auch hier werden zwei Varianten unterschieden: Für das Ausbleiben des erwünschten Verhaltens kann einem Menschen entweder ein unangenehmer Reiz zugefügt oder ein angenehmer Reiz entzogen werden.

So klar diese Zusammenhänge auf den ersten Blick erscheinen und so wirksam Belohnung und Bestrafung sein können, im Familien- und Schulalltag gibt es zahlreiche Fallstricke, die zu beachten sind, zum Beispiel:

- *Nicht jede Belohnung und Bestrafung wird als solche wahrgenommen.* Dies kann die erhoffte Wirksamkeit dramatisch senken. Insofern ist stets darauf zu achten, wie die vorgesehene Rückmeldung ankommt. Nicht selten machen Eltern die Erfahrung, dass beispielsweise Schmollen oder tadelnde Blicke wenig bewirken. Kinder nehmen es häufig gar nicht wahr! Die erhoffte Aktivierung der Empathie bleibt dann auch aus.

- *In der Regel wird* ein Verhalten *belohnt oder bestraft.* Menschen beziehen eine Belohnung und eine Bestrafung aber häufig auf *die eigene Person.* Dadurch kann eine Rückmeldung unerwartete Konsequenzen haben, bis hin zu Streit und Konflikten, Wut und Aggression. Beispielsweise kann ein Kind die Feststellung »Heute Mittag warst du gar nicht brav!« sehr leicht als personenbezogenen Entzug der Zuneigung und nicht als verhaltensbezogene Kritik wahrnehmen, vor allem wenn sie nicht unmittelbar auf die jeweilige Handlung folgt, sondern etwa Stunden später beim Zubettgehen getroffen wird.

- *Belohnung und Bestrafung beziehen sich nicht nur auf das Verhalten, sondern auch auf Persönlichkeitsmerkmale.* Allen voran ist hier die Motivation zu nennen, die sach*bezogen* oder sach*fremd* sein kann. Konkret heißt das beispielsweise: Ein Kind macht die Hausaufgaben, weil es sich für Mathematik interessiert, oder es macht die Hausaufgaben, weil es muss. Belohnung und Bestrafung wirken häufig auf einer sachfremden Ebene, was unter Umständen dazu führen kann, dass die sachbezogene in den Hintergrund tritt. Auch hierzu ein Beispiel: Ein Kind interessiert sich für Mathematik und bekommt für jede gute Leistung zusätzlich ein Geschenk. Die Gefahr ist groß, dass das Interesse an Mathematik dem Interesse an Geschenken weicht, was lernpsychologisch ein Nachteil wäre.

Vor dem Hintergrund solcher Fallstricke zeigt sich eines als besonders wichtig: Belohnung und Bestrafung sind wirksame Erziehungsmethoden, die aber immer das Gespräch erfordern. Denn wichtiger als Rückmeldungen, die wir Lernenden geben, sind Rückmeldungen, die bei Lernenden ankommen. So schnell und so einfach es ist, zu belohnen und zu bestrafen, es entbindet nicht von der zeitaufwendigen Aufgabe, mit Kindern und Jugendlichen über ihr Verhalten zu sprechen. Leider orientieren wir Eltern uns im Alltag oft nicht daran, vor allem das Gespräch vergessen wir häufig.

Schulverweigerung:
wenn alles »den Bach runterzugehen« droht

Die Zahl der Kinder, die anfänglich nur ungern zur Schule gehen, später aber vollständig dem Unterricht fernbleiben, nimmt in den letzten Jahren stetig zu. Die Gründe für Schulverweigerung beziehungsweise Schulvermeidung, das Fernbleiben vom Unterricht sowie Schulphobie sind vielfältig. So werden Faktoren der Persönlichkeit (zum Beispiel Sucht, Selbstkonzept), Faktoren der näheren Umwelt (zum Beispiel Familie, Trennung) und Faktoren der weiteren Umwelt (zum Beispiel Schule, Gesellschaft) unterschieden. Offenkundig ist, dass schulverweigernde Kinder und Jugendliche immer mehrere Auffälligkeiten zeigen. Häufig greifen familiäre Probleme, wie Trennungen oder Umzüge, soziale Isolation in der Klasse, abnehmende Schulleistungen und psychosomatische Beschwerden ineinander und führen dazu, dass Kinder an ihre Grenzen stoßen. Oft bringt dann ein weiterer Tropfen, ein kleiner Anlass, das Fass zum Überlaufen.

Eltern müssen aber nicht verzweifeln, wenn sich der Verdacht auf Schulvermeidung bestätigt. Vielmehr sollten sie sich von Forschungsergebnissen ermutigen lassen, wonach es durchaus gute Erfolgsaussichten gibt, eine Schulvermeidung zu behandeln. Voraussetzung ist, dass möglichst frühzeitig eine entsprechende Diagnose gestellt wird. Experten dafür sind Kinderärzte, die über die Kenntnis bestimmter Krankheitsbilder verfügen und eine umfassende Anamnese erstellen. Die Zusammenarbeit aller Beteiligten ist unerlässlich. Nach der Diagnose folgt in der Regel eine psychiatrisch-psychotherapeutische Behandlung, die kind-, schul- und familienzentrierte Methoden zum Abbau des Vermeidungsverhaltens einschließt. Sollten ambulante Verfahren nicht wirken, ist an eine stationäre Behandlung zu denken. Das hört sich womöglich alles schrecklich an. Aber die Chancen sind gut. Es ist in allen denkbaren Fällen besser, frühzeitig zu handeln. Eine Nichtbehandlung dieser Symptome beziehungsweise Verhaltensmuster kann langfristig dramatische Folgen haben: Das Risiko, im Erwachsenenalter arbeitslos, drogenabhängig und straffällig zu werden, ist dann deutlich erhöht.[28]

Ein positives Selbstkonzept: Herausforderungen meistern können

Die Vorstellung, die wir von uns haben, unser Selbstkonzept, ist für uns alle von entscheidender Bedeutung. Ein positives Selbstkonzept ist eine wesentliche Voraussetzung, um Herausforderungen angemessen begegnen zu können. »Wer bin ich?« ist also keine triviale Frage. Jungen Menschen fällt es oft schwer, eine Antwort darauf zu finden, vor allem wenn ihre Lebenswelt durch widrige äußere Umstände beeinträchtigt wird, für die sie selbst nicht verantwortlich sind, oder ein persönliches Scheitern sie in eine trostlose Situation gebracht hat. Während ein positives Selbstkonzept dabei hilft, neue Lebenssituationen anzunehmen und das eigene Verhalten daran anzupassen, führt ein negatives unter anderem zu Selbstverleugnungen und zu Verzerrungen. Zum Beispiel nehmen die Kinder eigene Fehler nicht wahr und stellen das eigene Verhalten nicht infrage, vielmehr schreiben sie anderen Personen die Schuld zu.

Tobias' Schulproblem ist mehr als ein Regelverstoß, eine simple Ungezogenheit, die sich mit disziplinarischen Maßnahmen allein lösen ließe. Dahinter verbirgt sich eine ernsthafte Krise.

Lassen Sie uns hier ein wenig verweilen: In unserer seelischen Entwicklung haben wir eine Vielzahl von größeren und kleineren Problemen zu meistern. Man kann – wie der Psychoanalytiker Erik H. Erikson – acht Stufen der psychosozialen Entwicklung unterscheiden, also acht Phasen, in denen sich unsere individuelle Persönlichkeit im Spannungsfeld unserer sozialen Umwelt herausbildet. Jede dieser Entwicklungskrisen muss bewältigt werden. Jedes Kind geht hier seinen eigenen Weg. Wir können scheitern, gewinnen aber in der Regel. Wichtig ist, dass wir aus jeder gemeisterten Krise gestärkt hervorgehen. Die Art, wie wir sie bewältigen, formt unseren Charakter.

Stufe I: Urvertrauen oder Urmisstrauen

Als Säuglinge erwerben wir im ersten Lebensjahr durch die liebevolle Zuwendung der Eltern ein Urvertrauen, das uns die Sicherheit vermittelt, in dieser Welt nicht verloren und einsam zu sein. Wir entwickeln das Gefühl, dass die Welt ein sicherer Ort und die Menschen darin zuverlässig und liebevoll sind.

Acht Stufen der psychosozialen Entwicklung[29]

Stufe	Alter (Jahre)	Psychosoziales Spannungsfeld	Wichtige Bezugspersonen	Psychosoziale Schwerpunkte	Psychosoziale Tugenden	Fehlerhafte Anpassung Fehlentwicklung (jewei Extreme)
I	Baby (0–1)	Vertrauen vs. Misstrauen	Mutter	Bekommen und etwas zurückgeben	Hoffnung, Vertrauen	Sensorische Störung – Zurückgezogenhei
II	Kleinkind (2–3)	Autonomie vs. Scham und Selbstzweifel	Eltern	Festhalten und loslassen	Wille, Mut, Bestimmtheit	Impulsivität fehlende Selbstkontro – Zwanghaftig keit
III	Vorschulkind (3–6)	Initiative vs. Schuld	Familie	Nachlaufen, spielen	Bezogenheit, Zielgerichtetheit, Mut	Rücksichtslosigkeit – Gehemmthe
IV	Schulkind (7–12)	Eifer vs. Unterlegenheit	Nachbarn, Schule	Wetteifern, Dinge gemeinsam tun	Werksinn, Kompetenz	Niedrige Virtuosität, Einseitigkei – Trägheit
V	Adoleszenten (ca. 12–18)	Ich-Identität vs. Rollenkonfusion	Peers, Rollenmodelle, Vorbilder	Man selbst sein, sich teilen	Treue, Loyalität	Fanatizismu – Zurückweisu
VI	Junge Erwachsene (die 20er)	Intimität vs. Isolation	Partner, Freunde	Sich im Partner verlieren und finden	Liebe	Promiskuitä – Exklusivität
VII	Mittlere Erwachsene (bis 50, auch später)	Generativität vs. Selbstbezogenheit	Familie, Kollegen, Arbeitswelt, Berufswelt	Sich um andere und anderes kümmern	Elternschaft, sich kümmern, über sich hinauswachsen	Überdehnu (Burn-out) – Ablehnung
VIII	Reife Erwachsene (in der Fülle des Lebens bis zum Tod)	Integrität vs. Verzweiflung	Die Menschheit oder »meine Leute«	Sein, weil man gewesen ist, dem Tod ohne Angst ins Auge blicken	Weisheit	Anmaßung – Verzweiflun

Unser Vertrauen in die Umwelt darf aber auf der anderen Seite nicht grenzenlos sein. Überbesorgte Eltern können eine sogenannte sensorische Fehlanpassung bewirken: Übermäßig vertrauensselig, glaubt das Kind nicht, dass irgendwo Gefahr drohen könnte. Es wird sehr wahrscheinlich auch später alle möglichen Lebenslügen entwickeln, um einen realitätsfernen Optimismus aufrechtzuerhalten.

Ein Säugling, der nicht die notwendige körperliche Nähe, Sicherheit, Geborgenheit und Nahrung erhält, entwickelt diffuse Ängste und die Vorstellung, immer bedroht zu sein. Er verinnerlicht das Gefühl, seine Umwelt nicht beeinflussen zu können und ihr hilflos ausgeliefert zu sein. Es können tiefe Ängste entstehen, das Gefühl, leer zu sein oder immer wieder verlassen zu werden. Deshalb muss der Säugling ganz allmählich lernen, dass die Mutter immer wiederkommt, wenn sie das Zimmer verlässt.

Stufe II: Autonomie oder Scham und Zweifel

Kleinkinder im ersten bis zum dritten Lebensjahr kämpfen um ihre Autonomie, sie wollen ihre Umwelt erforschen und erobern, ohne fürchten zu müssen, den Rückhalt bei den Eltern, in der Familie oder im nächsten Umfeld zu verlieren. Die Kinder bestehen darauf, alles »allein« zu schaffen. Der »Größenwahn« und die »Allmachtsfantasien« der Dreijährigen sind oft faszinierend.

Man sollte sie jedoch nicht allzu stark begrenzen. Manche Kinder zweifeln dann grundsätzlich an der Richtigkeit ihrer eigenen Wünsche und Gefühle. Es kann eine generalisierte Scham, ein tiefer Zweifel an der eigenen Person entstehen. Eltern sollten ihr Kind weder entmutigen noch zu stark vorantreiben. Auf eine gesunde Balance kommt es an. Jungen Eltern gibt man den Rat, in dieser Phase »eindeutig, aber tolerant« zu sein. Es ist eine gute Empfehlung. Auf diese Weise wird das Kind sowohl Selbstkontrolle als auch Selbstwertgefühl entwickeln.

Stufe III: Initiative oder Schuldgefühle

Im Spielalter vom dritten bis zum fünften Lebensjahr lockert sich die enge Beziehung zur Mutter, das Kind entwickelt ein Gefühl für soziale Rollen und Institutionen. Es braucht dabei die Unterstützung der Eltern. Sie bereitet den Boden für ihre soziale Kompetenz und Initiative.

Behindert man Kinder in dieser Phase, kann die Überzeugung entstehen, dass jede Eigeninitiative Schuld bedeutet. Initiative ist eine positive Reaktion auf die Herausforderungen der Welt, Verantwortung zu übernehmen, Fähigkeiten zu erwerben, sich nützlich zu fühlen. Eltern sollten ihre Kinder ermuntern, eigene Ideen zu entwickeln und auszuprobieren, sie sollten Fantasie und Vorstellungskraft fördern.

Es ist eine – nebenbei wunderbare – Zeit des Spielens und nicht der Erziehung! Wer hätte je als Erwachsener die fantastische Idee, einen Bleistift in der USB-Buchse zu spitzen oder die Mischbarkeit von Olivenöl, Backpulver und Haferflocken auf dem Küchenboden auszuprobieren? Kann man einem sechsjährigen Kronprinzen böse sein, wenn er – frei nach dem Freud'schen Ödipuskomplex – die Mutter heiraten und den Vater auf den Mond schicken will? Natürlich muss er wieder auf den Boden der Tatsachen zurückkommen, aber allmählich, nicht mit Gewalt.

Zwei Extreme gilt es zu vermeiden: die Erziehung zur Rücksichtslosigkeit und die zur Gehemmtheit. Eine rücksichtslose Person – wir erleben zurzeit wieder viele Beispiele in der aktuellen Politik – ergreift die Initiative und setzt ihre Pläne, etwa in der Schule, in Liebesbeziehungen, in Karriere oder Politik bedingungslos durch. Ihre Ziele bedeuten ihr alles, Schuldgefühle überlässt sie »Schwächlingen«. Zu viel Schuld auf der anderen Seite bedeutet laut Erikson Hemmung *(inhibition)*. Eine gehemmte Person probiert nichts aus, um nichts zu verlieren, frei nach dem Motto: »Nichts gewagt, nichts verloren, nichts gewonnen.«

Stufe IV: Werksinn oder Minderwertigkeitsgefühl
Tobias befindet sich in diesem Stadium (siebtes bis zwölftes Lebensjahr) und läuft Gefahr, wegen seines Unterlegenheitsgefühls in Trägheit und Zurückweisung zu versinken. Seine Clownerien sind Versuche, eine solche Entwicklung zu kompensieren. In dieser Phase steht normalerweise der Drang zur eigenen Produktivität im Vordergrund. Das Kind lernt, sich Anerkennung zu verschaffen, indem es etwas leistet. Es entwickelt Freude daran, sich mit Eifer einer Aufgabe zu widmen. In diesem Alter wollen die Kinder zuschauen, mitmachen, beobachten und teilnehmen: Sie wollen, dass man ihnen zeigt, wie man sich mit etwas beschäftigen und wie man mit anderen zusammenarbeiten kann.

Erikson bezeichnet jenes Bedürfnis der Kinder, etwas Nützliches und Gutes zu machen, als »Werksinn«, wir sprechen von *Kompetenz*. Ohne entsprechende Unterstützung kann sich aber statt des guten Gefühls, etwas leisten zu können, das Gefühl von Unzulänglichkeit und Minderwertigkeit herausbilden. Wenn das Kind keine Möglichkeiten findet, seine Produktivität auszuleben und so Anerkennung zu erleben, leidet sein Selbstvertrauen. Zusätzliche Quellen für Minderwertigkeitsgefühle sind Rassismus, Sexismus und alle anderen Formen der Diskriminierung: Wenn Erfolg nur davon abhängt, wer man ist, und nicht davon, wie sehr man sich bemüht, wozu soll man sich dann noch anstrengen?

Übereifer führt tendenziell zu einem Erscheinungsbild, wie wir es bei »Wunderkindern« antreffen. Diesen Kindern ist nicht erlaubt, Kind zu sein, sie werden von Eltern, Lehrern, auch von schlechten Trainern, in einen engen Kompetenzbereich gedrängt, ohne dass sie die Gelegenheit erhalten, breiter angelegte Interessen zu entwickeln. Erikson spricht von niedriger Virtuosität. Viel häufiger ist aber das andere Extrem, die Trägheit *(inertia)*. Hierzu tendieren alle unter uns, die an Minderwertigkeitskomplexen leiden. Überzeichnet formuliert: Wenn wir nicht sofort erfolgreich sind, versuchen wir es nie wieder! Wenn wir in Mathematik schwach sind, sterben wir lieber, als dass wir zusätzliche Kurse belegen. Wenn wir im Sport Misserfolg und Demütigung erleiden, interessieren wir uns nie wieder für irgendeine Sportart. Wenn wir keine sozialen Fähigkeiten entwickelt haben, bleiben wir zu Hause. Wir werden träge. Es wäre aber wichtig, eine Balance von Eifer und Unterlegenheit zu entwickeln, also viel Eifer mit nur einem kleinen Schuss Minderwertigkeitsgefühl, damit wir vernünftig und bescheiden auf dem Boden der Realität bleiben. Dann haben wir eine Tugend erreicht, die »Kompetenz« genannt wird.

Kinder der dritten und der vierten Phase unterscheiden sich übrigens deutlich in der Art, *wie* sie spielen. Vierjährige gehen völlig auf im Spiel, haben aber kaum ein inneres Verständnis für Regeln: Sie ändern sie mehrfach während des Spiels und werden es auch nicht unbedingt zu Ende führen. Ein Siebenjähriger hingegen achtet auf die Regeln, hält sie sogar für geradezu heilig. Er wird sich furchtbar aufregen, wenn das Spiel gestört wird, nicht zum vorgesehenen Abschluss kommt und die Regeln verletzt werden. Lehrerinnen und Lehrer, die ihren Schülern keine Regeln nahebringen können oder wollen, kommen ihren Aufgaben nicht nach. Sie sind auch bei ihren Schülern nicht beliebt!

Stufe V: Ich-Identität oder Ich-Identitäts-Diffusion
Mit dem Eintritt der sexuellen Reife beginnt die Jugendzeit, die etwa bis zum achtzehnten Lebensjahr dauert. Die körperlichen Veränderungen bringen große Unsicherheit mit sich, ebenso die emotionalen und intellektuellen Veränderungen, auf die wir bereits eingegangen sind. Heranwachsende sind sehr stark an der Außenwahrnehmung orientiert, also darauf, wie sie von anderen eingeschätzt werden. Auf der Suche nach einem neuen Ich-Gefühl müssen sie viele Kämpfe früherer Jahre noch einmal durchstehen. Erst allmählich entsteht wieder die Sicherheit, dass das Bild, das sich der Jugendliche von sich selbst macht, nicht allzu sehr von dem der anderen unterscheidet.

Ich-Identität bedeutet ein sicheres Wissen darüber, wer man selbst ist und wie man in die Gesellschaft hineinpasst. Es erfordert, dass man aus allem, was man über das Leben und sich selbst gelernt hat, ein einheitliches Selbstbild formt, das wiederum die Gemeinschaft als wichtig und bedeutsam anerkennt. Diese Aufgabe ist nicht einfach. Zunächst sollten wir Erwachsenen eine Kultur vorleben, die den Respekt der adoleszenten Person verdient, eine Kultur mit guten Vorbildern und Rollenmodellen für Erwachsene, vor allem auch eine offene Kommunikationskultur.

Unsere Erwachsenengesellschaft sollte – so fordert es Erikson – klare Riten des Übergangs bereithalten, also bestimmte Leistungen und Rituale, die helfen, Erwachsene von Kindern zu unterscheiden. In traditionellen Gesellschaften werde zum Beispiel von einem adoleszenten Jungen erwartet, dass er das Dorf für eine Weile verlasse und allein lebe, dass er ein bedeutsames Tier erjage oder nach einer Vision suche. Jungen und Mädchen müssten oft Tests ablegen, in denen ihre Leidensfähigkeit geprüft werde, symbolische Zeremonien oder erzieherische Aufgaben. Auf die eine oder andere Weise werde die Unterscheidung zwischen der Zeit als machtloses Kind ohne Verantwortung und der Zeit als mächtigere und verantwortliche erwachsene Person deutlich gemacht. Ohne diese Festlegung werden beide Rollen leicht vermischt und verwechselt (im Sinne einer Rollenkonfusion), es entsteht eine Unsicherheit darüber, wo unser Platz in der Gesellschaft und in der Welt ist. So wundert es nicht, dass sich adoleszente Mitglieder unserer Gesellschaft oft die Frage stellen: »Wer bin ich?«, die Frage nach der eigenen Identität. Wenn die Rollen vermischt sind, leiden Heranwachsende an einer Identitätskrise.

Erikson schlägt den Heranwachsenden eine Art Auszeit vor, ein »psychosoziales Moratorium«. Viele seiner Vorschläge sind heutzutage für Jugendliche nicht praktikabel und finanzierbar. Aber es kann sinnvoll sein, wenn ein junger Mann oder eine junge Frau nach der mittleren Reife eine Berufsausbildung, beispielsweise in einem Handwerk, antritt und dann vielleicht auf dem zweiten Bildungsweg das Abitur nachholt oder ein soziales Jahr im Ausland absolviert. Wir neigen dazu, schnell Erfolge erzielen zu wollen, man sollte sich aber die Zeit nehmen herauszufinden, was Erfolg für uns bedeutet. Dazu brauchen wir Ruhe, auch um uns selbst kennenzulernen und zu finden.

Ich-Identität kann man auch übertreiben, beispielsweise

indem Personen oder Gruppierungen so sehr in ihren Rollen aufgehen, dass keine Toleranz anderem und anderen gegenüber mehr bleibt. Erikson bezeichnete dies als »Fanatizismus«. Ein Fanatiker glaubt, sein Weg sei der einzig richtige. Adoleszente sind bekannt für ihren Idealismus und ihre Neigung, alles nur schwarzweiß zu zeichnen. Solche Menschen scharen Gleichgesinnte um sich und verbreiten ihre Überzeugungen und Lebensgewohnheiten, ohne auf das Widerspruchsrecht anderer Menschen zu achten. Im digitalen Zeitalter ist dies besonders leicht, da sich jede Gruppierung, jede Horde von Fanatikern in ihrer eigenen Informationsblase einnisten und gegen die Außenwelt abschotten kann.

Ein Mangel an Ich-Identität, das Gefühl, zurückgewiesen zu sein, ist schwerer zu ertragen. Menschen mit dieser Neigung ziehen sich aus der Erwachsenenwelt zurück und verleugnen ihr Bedürfnis nach einer eigenen Identität. Manche Jugendliche verschmelzen mit einer Gruppe, vor allem wenn diese eine klar definierte Identität bereitstellt. Das können religiöse Kulte sein, pseudoreligiöse oder militaristische Organisationen, Gruppen, die auf Hass aufgebaut sind, und vieles andere mehr. Manche verhalten sich destruktiv, manche tendieren zu Drogen. Für sie ist es bequemer, in der Gruppe aufzugehen, als sich auf die Suche nach dem eigenen Ich zu begeben.

Sobald Jugendliche diese Phase erfolgreich bewältigt haben, erreichen sie eine Tugend, die Eriksen als »Glaubwürdigkeit« (*fidelity*) bezeichnete. Damit ist eine Art Loyalität gegenüber der sozialen Gemeinschaft gemeint, keine blinde Loyalität, auch keine, die die Unvollkommenheiten unserer Gesellschaft akzeptiert. Unsere Gesellschaft braucht auch heute dringend junge Erwachsene, die die

Gemeinschaft achten, in der sie leben, trotz ihrer Unvollständigkeit und Widersprüchlichkeit, und konstruktiv zu ihrer Verbesserung beitragen. Doch Glaubwürdigkeit bedeutet, dass sie einen Platz in dieser Gemeinschaft gefunden haben, einen Platz, der es ihnen erlaubt, ihren Beitrag zu leisten.

Stufen VI bis VIII: Das Leben als Erwachsene

Die folgenden drei Entwicklungsstufen bauen auf den ersten auf. Sie prägen unser Leben als Erwachsene und werden in diesem Buch nicht ausführlich besprochen. Unsere Kinder können sie nur bewältigen, wenn wir Erwachsene sie gut vorbereitet haben, wenn sie also die ersten fünf Phasen gut gemeistert haben.

Jungen Erwachsenen (Stufe VI) wünschen wir, Liebe erfahren zu dürfen, sich im Partner zu verlieren und wiederzufinden. Reifen Erwachsenen (Stufe VII) sollte es gelingen, etwas hervorzubringen, was über sie selbst hinausreicht, sie glücklich und zufrieden macht und sinnvoll ist. Das können, müssen aber nicht, eigene Kinder sein. Eine Patenschaft im weitesten Sinne oder andere nützliche und lebendige Projekte sind absolut gleichwertig. Im letzten Stadium wünschen wir uns, dass wir zufrieden auf unser Leben blicken können, ohne Angst vor dem, was danach kommt. Die Voraussetzungen für all das schaffen gute Eltern und gute Lehrer.

Was können wir
von den Reinhardts lernen?

Tobias konnte geholfen werden. Er konnte an seine alten Erfahrungen in der Grundschule anknüpfen. Der verschärfte Verweis, den Tobias erhielt, verpflichtete ihn zur sozialen Mitarbeit in der Schule. Er leistete sie als Assistent eines Studienreferendars ab, der verschiedene Schüler mit Migrationshintergrund zu eigenen Sprachkursen versammelt hatte. Er hatte Erfolg, auch mithilfe seiner Mutter, die ihn für die nachmittäglichen Treffen mit Plätzchen und Süßigkeiten ausstattete. So hatte er bald gute Freunde und musste nicht mehr den Klassenclown spielen.

Wir fassen zusammen, was wir von den Reinhardts lernen konnten, und ziehen einmal mehr eine Zwischenbilanz:

• Schulprobleme sind oft Ausdruck einer Störung der kindlichen Entwicklung. Ein Schulwechsel muss wohl überlegt werden. Er kann das eigentliche Problem massiv verstärken. Schulverweigerer zurückzuholen ist möglich, verlangt aber größtmöglichen Einsatz von Eltern, Lehrpersonen, Kinderärzten und Psychotherapeuten.
• Lob und Tadel müssen auf ein konkretes Verhalten des Kindes bezogen sein und dürfen nicht seine Person infrage stellen.
• Jede Phase der kindlichen Entwicklung folgt eigenen Regeln und Gesetzen. Eltern und Lehrer sollten sie kennen und darauf Rücksicht nehmen. Kinder wollen ernst genommen werden, ihrem jeweiligen Entwicklungsstand entsprechend.

Eltern und Erzieher sollten die Entwicklung unserer Kinder von innen her verstehen und fördern und sie nicht gewaltsam in vorgefertigte Schablonen pressen. Dazu ist ein häufiger Perspektivenwechsel nötig: Wir Erwachsenen sollten unsere Welt, Leben und Lernen öfter auch mit den Augen der Kinder sehen!

Kontroverse 4:
Chancengleichheit – Inklusion

Die Forderung nach gleichen Chancen für alle ist neben der Gleichheit vor dem Gesetz eine der wichtigsten Errungenschaften unserer relativ jungen Demokratien. Auch wenn die Realisierung oft nicht gelingt, sind wenigstens beide Forderungen im öffentlichen Bewusstsein verankert. Chancengleichheit herzustellen ist aber schwierig. Zu viele gesellschaftliche, familiäre und genetische Faktoren sorgen dafür, dass wir nicht alle gleich sind. So sollen wenigstens alle Kinder annähernd gleiche Startbedingungen haben. Jedes Kind soll seinen individuellen Begabungen entsprechend optimal gefördert werden. Die Forderung nach gleichen Chancen für alle Kinder kann indes die Schule allein nicht leisten.

Liebe Leserin, lieber Leser, sicher ist Ihnen beim Lesen dieser Zeilen aufgefallen, dass Sie spontan zwei widersprüchlich erscheinenden Aussagen zugestimmt haben: »Alle Kinder sollen annähernd gleiche Startbedingungen haben!« Und: »Jedes Kind soll seinen individuellen Begabungen entsprechend gefördert werden!« Wie passt das zusammen? Es lohnt sich, über den Begriff »Bildungsgerechtigkeit« nachzudenken. Er impliziert mindestens zwei Facetten! Leider geraten diese in öffentlichen Debatten immer wieder durcheinander.

Erstens gilt es, eine anthropologische Dimension zu berücksichtigen, nach der Menschen gleich sind und keine Unterscheidung erfahren dürfen, nur weil sie Mann, Frau, »divers«, schwarz, weiß, alt oder jung und vieles andere mehr sind. Am eindringlichsten zeigt sich dies in Artikel 1 des Grundgesetzes: »Die Würde des Menschen ist unantastbar.« In der Konsequenz bedeutet das aus pädagogischer Sicht eine Gleichbehandlung aller. Der Zugang zu Bildung muss unabhängig von äußeren Eigenschaften des Menschen sein, vielmehr muss er für alle sichergestellt werden. Blickt man vor diesem Hintergrund auf Deutschland, so kann man feststellen, dass diese Form der Gerechtigkeit gegeben ist.

Zweitens gibt es eine pädagogische Dimension, nach der Menschen sich unterscheiden, und zwar nach Begabung, Interesse, Motivation, Lernleistung und vielem anderen mehr. In der Konsequenz bedeutet das aus pädagogischer Sicht eine Ungleichbehandlung aller. Eine optimale Förderung gelingt nur, wenn Unterschiede in der Ausgangslage und in den Bildungsvoraussetzungen ernst genommen werden und durch ein differenziertes Angebot darauf reagiert wird. Das kann im schulischen Kontext entweder durch entsprechende Maßnahmen im Unterricht oder im Schulsystem erfolgen.

Interessanterweise ergibt sich in der Kombination dieser beiden Facetten eine dritte, die aus politischer Sicht wichtig ist. Sie wurde vor allem von dem Philosophen und Harvard-Professor John Rawls in den Gerechtigkeitsdiskurs eingeführt und lässt sich mit den Worten »Wenigen mehr!« auf den Punkt bringen.[30] Bildungsgerechtigkeit bedeutet demzufolge, dass es richtig und wichtig ist, einer kleineren Gruppe von Menschen ein besonderes Bildungsangebot zukommen zu lassen. Während dies aus kurzfristiger

Sicht unter Umständen eine Schieflage hervorruft, kann es längerfristig aber einen positiven Effekt für alle haben. Beispiele aus pädagogischer Sicht sind Förderprogramme für sprachlich benachteiligte Kinder oder für Kinder aus bildungsfernen Milieus. Die Forschungen hierzu legen eindringlich nahe, dass es sowohl für die Betroffenen als auch für die Gemeinschaft besser ist, möglichst frühzeitig Bildungsangebote zu machen. Kommen diese nämlich zu spät im Leben der Kinder und Jugendlichen, wirken sie nicht mehr, und die Allgemeinheit muss mit weitaus größeren Konsequenzen zurechtkommen als mit einer frühen und kurzfristigen Ungleichbehandlung.

Vor diesem Hintergrund haben es Wahlkampfjahre in sich. Fern jeglicher Erkenntnisse werden programmatisch und plakativ Positionen vertreten, und bildungspolitische Standpunkte dominieren die Diskussion. Das Kernargument ist hierbei häufig Bildungsgerechtigkeit, die jedoch meistens und zum Teil auch äußerst prominent missverstanden wird. Denn Bildungsgerechtigkeit, so wurde eben darzulegen versucht, hat nichts mit einer Egalisierung zu tun, und zwar in dem Sinn, allen Kindern das gleiche Bildungsangebot zukommen zu lassen. Sondern Bildungsgerechtigkeit bedeutet Unterschied und Differenzierung, also jedem Schüler die Förderung zuteilwerden zu lassen, die er angesichts seiner Fähigkeiten und Voraussetzungen benötigt. Fehlt diese Einsicht, kommt es zu folgenschweren Denkfehlern, wie sich an drei aktuellen Beispielen zeigen lässt:

• *Ausbau der Kita-Plätze:* Über alle Parteien hinweg wird der Ausbau von Kita-Plätzen gefordert. Das Argument: Die Kita garantiere Chancengleichheit, und je mehr Kinder die Kita besuchten, desto mehr Bildungsgerechtigkeit gäbe es in unserem Land. Empirische Studien scheinen dieses Argument zum Teil auch zu stützen. Je länger Kinder eine Kita besuchen, desto höher sind ihre akademischen Kompetenzen beim Eintritt in die Grundschule. Dieser Kompetenzzuwachs ist nahezu unabhängig vom sozialen Milieu der Eltern. Unter den Tisch fällt in der Diskussion aber häufig, dass dieser Zusammenhang mit Blick auf den Grad der Ausbildung der Eltern noch viel stärker ist. Je besser die Eltern ausgebildet sind, desto besser sind auch die akademischen Leistungen der Kinder, sofern sie in den ersten drei Jahren zu Hause erzogen werden. Diese Effekte sind in hohem Maße nachhaltig, was von den Effekten der Kita nicht behauptet werden kann: Sie gehen schnell verloren, und spätestens zum Ende der Grundschulzeit sind sie nicht mehr feststellbar. Man spricht von Wash-out-Effekten und kann in der vierten Klasse nicht mehr sagen, ob ein Kind in der Kita war oder nicht. Die Forderung, alle Kinder in eine Kita zu schicken, wird also nur einem Teil der Kinder gerecht, definitiv aber nicht allen.

• *Hausaufgaben:* Dass Hausaufgaben umstritten sind, ist nicht erst seit der bereits genannten Studie *Visible Learning*[31] bekannt. Wenn nun aber eine angesehene Bildungssoziologin fordert, Hausaufgaben müssen abgeschafft werden, weil sie ungerecht seien und zu einer Benachteiligung führten, dann kommt es erneut zu einer Verkehrung des wichtigen Gedankens der Bildungsgerechtigkeit. Ihr Argument: Sozial besser situierte Kinder könnten von Hausaufgaben mehr profitieren als sozial schlechter gestellte. Es ist doch völlig absurd, den Schwächeren damit helfen zu wollen, indem man die Stärkeren ihrer Möglichkeiten beraubt. Dies ist erneut eine Egalisierung, die den Kern einer Bildungsgerechtigkeit übersieht.

* *Ganztagsschulen:* Es muss bundesweit mehr Ganztagsschulen geben, so die Schlussfolgerung einer renommierten Stiftung in diesen Tagen angesichts ihrer Studie zur Ganztagsschulsituation.[32] Diese Position führt durchaus zu einem Konsens bei den Parteien. Aber einmal mehr folgt daraus nicht, dass sie deswegen richtig ist. Das Argument hier lautet, durch eine längere Unterrichtung aller Lernenden bekämen sozial benachteiligte Kinder eine bessere Förderung und könnten damit zu ihren besser gestellten Mitschülerinnen und Mitschülern aufschließen. Verschwiegen wird dabei aber, dass dies zu Lasten eben der besser situierten Mitschülerinnen und Mitschüler gehen kann, da sie aus ihrem äußerst positiven (familiären) Umfeld herausgenommen werden; und somit wird erneut Bildungsgerechtigkeit als egalisierende Bildungsgerechtigkeit verstanden.

Nur nebenbei sei bemerkt, dass das wohl stärkste Argument für den Ausbau der Kita-Betreuung und die Forcierung von Ganztagsschulen in der Wirtschaftskraft der Frau zu sehen ist – in der Regel besser ausgebildet, ist es vor diesem Hintergrund durchaus verständlich, Mütter so schnell wie möglich wieder ins Berufsleben zurückzuholen. Die erziehungswissenschaftliche Forschung liefert keine Belege dafür, dass dieser Ansatz für die Kinder der bessere Weg ist.

Um es noch einmal zu sagen: Die angesprochenen Beispiele machen deutlich, dass Bildungsgerechtigkeit im öffentlichen Diskurs oft einseitig interpretiert wird. Sie wird mehrheitlich als egalisierende Bildungsgerechtigkeit verstanden, bei der allen Schülerinnen und Schülern das gleiche Bildungsangebot gemacht werden soll. Dass man damit aber nur den wenigsten gerecht werden kann, übersieht man geflissentlich.

Was ist den dargelegten Verkürzungen entgegenzustellen? Es muss um das Wohl des Kindes gehen. Das Kind mit seinen Möglichkeiten muss der Ausgangspunkt für Bildungsgerechtigkeit sein. »Was nützt es dem einzelnen Kind?« lautet daher die zentrale Frage. Leistungsschwächeren Kindern wird nicht dadurch geholfen, dass ihr Abstand zu ihren stärkeren Mitschülerinnen und Mitschülern verringert wird, indem diesen die positiven Einflüsse genommen werden. Vielmehr kann ihnen nur pädagogisch verantwortlich geholfen werden, wenn ihnen die Förderung zuteilwird, die sie benötigen. Dies gelingt häufig und zweifellos durch eine Verlängerung des institutionellen Bildungsangebots – vor allem dann, wenn der familiäre Hintergrund keine entsprechende Hilfestellung geben kann, und insofern gilt es nicht für alle.

Die Stärkung der Familie scheint in diesem Zusammenhang ein Schlüsselfaktor für die Realisierung einer unterscheidenden Bildungsgerechtigkeit zu sein. Zahlreiche empirische Studien weisen nach, dass die Einflüsse der Familie die wirksamsten und nachhaltigsten sind. Selbst im Erwachsenenalter trägt die familiäre Erziehung noch ihre Früchte und ist einer der wichtigsten Prädiktoren für ein erfülltes und glückliches Leben.

Bildung beginnt bereits im Mutterleib. Besonders in der Säuglingszeit werden Grundlagen für das weitere Leben geschaffen. Insofern hat Bildung viel mit dem Umgang zwischen Eltern und Kindern zu tun. Erschreckend oft werden

Kleinkinder demotiviert und erhalten keine vernünftigen Antworten auf ihre vielen Fragen.

Hierzu wieder eine kleine Anekdote: Vater und Mutter gehen mit ihrem Sohn im Wald spazieren. Kaum ist eine halbe Stunde vergangen, rennt der Junge zu seinem Vater und fragt ihn: »Du, Papa, was ist denn das für ein Baum?« Der Vater stellt sich hin, schaut den Baum von oben bis unten an, dann noch einmal, wieder von oben bis unten, dann sagt er: »Ganz genau weiß ich es nicht, eine Fichte ist es nicht, eine Buche auch nicht. Ich weiß es nicht.« Kaum ist die nächste halbe Stunde vergangen, kommt der Junge schon wieder, rennt zu seinem Vater: »Du, Papa, was ist denn das für ein Pilz?« Der Vater bückt sich, schaut, schaut noch einmal, dann sagt er: »Ein Steinpilz ist es nicht, ein Pfifferling auch nicht. Ich weiß es nicht.« Nach einer Dreiviertelstunde kommt der Junge wieder und ruft: »Papa, was ist …« Da unterbricht ihn die Mutter: »Lass doch den Papa endlich einmal in Ruhe!« Der aber meint: »Lass den Jungen ruhig fragen, er soll doch was lernen!«

Wenigstens hat dieser Vater seinen Sohn nicht entmutigt, wie es von bildungsferneren Eltern immer wieder geschildert wird. Die entmutigende Haltung gegenüber den eigenen Kindern hat wenig mit dem sozioökonomischen Status, sprich den Einkommensverhältnissen zu tun. Geliebte Kinder armer Eltern kommen oft besser zurecht als vernachlässigte Kinder reicher Eltern. Wie soll die Schule extrem ungleich vorbereiteten Kindern Chancengleichheit bieten?

Was tun, wenn bildungsferne Eltern ihren Kindern die notwendige Förderung nicht bieten beziehungsweise nicht bieten können? Wie gesagt: Ist es wirklich sinnvoll – wie ein renommierter Kritiker der aktuellen Bildungspolitik formuliert –, eine Angleichung der unterschiedlichen Bildungsniveaus der Schüler nach unten zu organisieren, indem schwächere Schüler gefördert und stärkere ausgebremst werden? Was ist denn nötig, um Kinder unterschiedlichen Temperaments, unterschiedlicher Begabung und Herkunft adäquat zu fördern?

Warum ist »Inklusion« an vielen Schulen nur ein schönes Wort? Natürlich ist es unmenschlich, körperlich und/oder geistig behinderte Menschen willkürlich vom normalen Leben auszuschließen. Es verbietet sich schon aus ethischen Gründen. Vor allem diese Kinder benötigen unsere Hilfe. Inklusion ist ein politisches Anliegen, das wir alle tragen. Was aber geschieht, wenn Schulen schon mit der optimalen individuellen Förderung von nicht oder nur wenig behinderten Kindern überfordert sind? Hat eine Lehrkraft, deren Unterricht durch ein paar unaufmerksame oder sozial auffällige Kinder immer wieder gestört wird, noch die Energie, körperlich und geistig behinderte Kinder mitzuziehen? Kommen da nicht alle zu kurz? Was muss da geschehen? Wie schaffen die Lehrer das?

Wir sind sicher, dass unsere Lehrerinnen und Lehrer das schaffen können, wenn wir sie unterstützen. Dabei kann der Leitsatz hilfreich sein: »Strukturen schaffen *und* Menschen stärken.«

Wie geht es nun aber mit unserer Familie Reinhardt weiter?

Im pädagogischen Wunderland

Bei Familie Reinhardt:
Episode Nr. 8

Angesichts der Schulprobleme seiner Kinder und wachsender Spannungen in der Familie sucht Georg grundsätzlich andere Lösungen. Eines Tages überrascht er die Familie mit einem Riesenpaket von Prospekten, Broschüren und Büchern, die die moderne Pädagogik im Zeitalter der Digitalisierung, die alternative Reformpädagogik, Eliteschulen, Internate für Hochbegabte und vieles andere behandeln. Es ist von glücklichen Schülern ohne Noten die Rede, vom Lernen ohne Mühe, von Schulhäusern ohne Klassenzimmer, von milden Lehrern ohne Strenge, vom Unterricht mit Freude.

Besonders fasziniert ist Georg von folgendem Beispiel einer bestens ausgestatteten Reformschule: Schülerinnen und Schüler können, ausgerüstet mit einem eigenen Computer, individuell den eigenen Lernfortschritt festlegen. Am Laptop erklärt ein virtueller Mathematiklehrer beispielsweise den Satz des Pythagoras. Hat man es nicht verstanden, kann man die Lektion beliebig oft wiederholen. Die Lehrperson, die mit allen Schülerinnen und Schülern vernetzt ist – und auch unmittelbaren Zugriff auf deren Computer hat –, verfolgt den Lernfortschritt und kann, falls nötig, bei jedem Einzelnen sofort eingreifen. Es gibt keinen Frontalunterricht mehr, jedes Kind hat seine eigene Lerninsel, kann Pausen einlegen, sobald es nötig wird. Trotzdem hat die Lehrperson dank modernster Technologie alles im Griff.

Klara und die Mädchen sind skeptisch: Muss man dann überhaupt noch in die Schule gehen? Reicht dafür nicht auch ein Heimcomputer oder – moderner – so etwas wie »Teach-Robotics«?

Liebe Eltern, liebe Kollegen, angesichts der Euphorie und der Panik, die die Digitalisierung bei vielen auslöst, ist ein wenig gesunder Menschenverstand angezeigt. Soll man wirklich dem japanischen Konzept trauen, dass künstliche Intelligenz in Form von Pflegerobotern alte Menschen besser versorgen kann als menschliche Pfleger, oder dem chinesischen, das Kindergartenkinder täglich von Gesundheitsrobotern untersuchen lassen will? Wie weit ist Digitalisierung in der Organisation der Krankenversorgung sinnvoll? Kann der Einsatz der künstlichen Intelligenz die Effizienz von Psychotherapeuten verfünffachen, wie kürzlich in einer deutschen Zeitung zu lesen war? Kann man mit künstlicher Intelligenz den pädagogischen Notstand beheben, der an manchen Schulen zu beobachten ist?

Vielleicht stehen Sie vor ähnlichen Problemen. Im Folgenden untersuchen wir den Stellenwert digitaler Hilfsmittel in der Pädagogik und werfen einen kurzen Blick auf andere wichtige Fragen.

Digitalisierung
ohne Bedenken?

Aus pädagogischer Sicht ist es erfreulich: Nach jahrzehnte-
langer Debatte über eine Output- und Outcome-Steuerung
des Bildungssystems wird wieder über Inhalte und den In-
put diskutiert. Konkret wird von vielen Parteien gefordert,
Informatik oder so etwas wie eine digitale Bildung als neues
Unterrichtsfach einzuführen, und viele Kultusministerien
sind bereits dabei, entsprechende Lehrpläne zu schmie-
den. Beispielhaft sei auf den Masterplan »Bayern Digital
II« der bayerischen Staatsregierung hingewiesen. Dort findet sich die Forderung, Informatikstunden zum Pflichtfach
zu erheben – ab der fünften Jahrgangsstufe in allen Schul-
arten. Und viele sehnen sich zudem nach einem entsprechenden Unterrichtsfach in der Grundschule, vielleicht sogar im Kindergarten.

Auslöser dieser Diskussionen ist die offenbar über allem
stehende Digitalisierung. Sie fördert neue Wege, schafft un-
geahnte Möglichkeiten und ist die Herausforderung des 21.
Jahrhunderts. Fast gebetsmühlenartig werden diese Aussagen wiederholt, unter anderem auch in Wahlkampfzeiten.
Digitalisierung wird dadurch zu einem Mantra und soll alles verändern. Auf den ersten Blick überzeugen die Vorteile einer Digitalisierung in Industrie, Medizin, Technik,
Wirtschaft und Bildung. Auf den zweiten Blick aber darf
man ihr nicht blindlings verfallen. Zu viele Konsequenzen
einer Digitalisierung sind bis heute nicht geklärt und womöglich auch gar nicht abzusehen. Hierzu zählen ethische
Fragen, beispielsweise in Hinblick auf das autonome Fahren (etwa in Dilemma-Situationen, wenn ein automatisier-
tes Fahrzeug vor der »Entscheidung« steht, entweder eine

Mutter mit Kind oder einen alten Mann zu überfahren), ökologische Fragen der Ressourcengewinnung und deren Nutzung, die Konsequenzen des Energieverbrauchs, gesundheitliche Fragen nach den Risiken einer Digitalisierung für Leib, Seele und Geist. Insofern überrascht es nicht, dass auch im Bildungsbereich Kritik und Skepsis laut werden und ernst zu nehmen sind.

Digitale Technik
als Lernhilfe

So zeigen die immer zahlreicher werdenden Studien zur Wirksamkeit von digitalen Medien auf die Lernleistungen im Durchschnitt nur mäßige Effekte, wie in der aktuellen Sonderauswertung »Lernen 4.0« von *Visible Learning* zum Lernen mit digitalen Medien nachzulesen ist:[33] In der Mathematik, in den Naturwissenschaften, beim Lesen und auch beim Schreiben sind keinerlei Leistungszuwächse nachweisbar, die die Hoffnungen nach einer digitalen Bildungsrevolution rechtfertigen würden. Allen voran werden für den Einsatz von PowerPoint kaum positive Effekte nachgewiesen, häufig sind sogar negative Effekte möglich, weil Lehrpersonen schneller sprechen, weil Argumentationsstränge nicht mehr Schritt für Schritt entstehen und weil Lernende in verdunkelten Klassenzimmern stets dem Dilemma ausgesetzt sind: Sollen sie der Lehrperson folgen oder die Folien lesen?

Ähnlich ernüchternd sind die Ergebnisse aus einer Meta-Analyse[34] zu den Effekten von »Accelerated Reader« – dem englischsprachigen Pendant von webbasierten Programmen zur Leseförderung à la »Antolin« mit einer kompetitiven Punktesammelfunktion. Das Ergebnis ist ernüchternd: Es lässt sich nur eine geringe Wirksamkeit auf die Leseleistung nachweisen. Und selbst die mittleren Effekte auf die Lesemotivation sind problematisch, denn sie zielen nicht auf besseres Lesen und Lernen, sondern auf den Wettbewerb unter den Lernenden und sind folglich nur von kurzer Dauer. Angesichts der Kosten, die solche Programme verursachen, sind sie nicht ohne Weiteres zu empfehlen. Sie können den Unterricht nur bedingt ergänzen, keinesfalls ersetzen.

Für das Schreiben hat bereits 2014 die Studie »The Pen Is Mightier Than the Keyboard«[35] offenbart, dass Lernende besser und nachhaltiger lernen, wenn sie mit Papier und Bleistift dem Unterricht folgen und nicht einen Laptop für Notizen benutzen. In Zeiten von Tablets könnte man meinen, dass dieses Ergebnis aber schon veraltet ist. Denn Schreiben kann man am Tablet nahezu genauso wie mit Papier und Bleistift. Allerdings belegt die Studie »Don't throw away your printed books«,[36] dass selbst hier das Lesen und Lernen vom Papier dem Lesen und Lernen am Tablet überlegen ist. Ein Grund dafür liegt darin, dass Lernende vom Papier langsamer und gründlicher lesen, wohingegen am Tablet schneller und oberflächlicher gelesen wird – vieles wird weggewischt.

Nicht viel anders steht es um die Wirksamkeit des Konzepts vom »Flipped Classroom« (etwa »umgedrehter Unterricht«) auf die Lernleistung. Für viele ist diese Methode derzeit der Kern der Digitalisierung: Lehrpersonen verlagern die klassischen Erklärphasen aus dem Frontalunterricht in die Eigenverantwortung der Lernenden, um im Unterricht mehr Zeit für vertiefende Gespräche, die Übung und die Auseinandersetzung mit den Lerninhalten zu haben. So faszinierend diese Idee ist, die Effekte sind ernüchternd. Zu viele Facetten sind zu berücksichtigen, sodass es letztendlich nicht die digitalen Medien und auch nicht die Methode des Flipped Classrooms sind, die wirken oder eben nicht wirken. Sowohl die Medien als auch die Methode muss von Professionalität aufseiten der Lehrerinnen und Lehrer zum Leben erweckt werden.

Was bleibt, ist ein bekannter Schluss: Medien, ob digital oder analog, sind Hilfsmittel des Unterrichts. Entscheidend für ihren Erfolg ist und bleibt die Professionalität von Lehrpersonen. Setzen Lehrpersonen Technik um der Technik willen ein, was derzeit nicht selten zu beobachten ist, können digitale Medien sogar zu negativen Effekten führen. Infolgedessen wird bei Fragen des digitalen Lernens klar, dass auch auf dieser Ebene eine Revolution nur mit den Menschen gelingt. »Pädagogik vor Technik« ist und bleibt unser Grundsatz.

Digitale Technik
als Lerninhalt

Zweifelsfrei ist neben einer mathematischen, sprachlichen, naturwissenschaftlichen, künstlerischen, musikalischen und sportlichen Bildung auch die digitale wichtig und muss einen festen Platz im Curriculum haben. Interessant erscheint insofern erstens, wie viel digitale Bildung der Mensch braucht, um glücklich zu sein, und zweitens, wie sich digitale Bildung am besten in den Schulalltag integrieren lässt.

Zur Klärung der ersten Frage lohnt sich eine Auseinandersetzung mit der Theorie der Halbbildung von Theodor

W. Adorno, die für alle Fächer Gültigkeit besitzt.[37] Demnach muss und kann kein Mensch in allen Bereichen der Bildung Experte sein und letzte Kenntnis erlangen. Konkret: Wer weiß denn schon, wie das Innere eines Smartphones aussieht, welche technischen Vorgänge ablaufen, wenn man auf einen Touchscreen tippt, oder wie die Buchstaben im Rechner auf das Papier im Drucker gelangen? Und noch entscheidender: Wer muss all das wirklich wissen? Die Mehrheit der Bevölkerung sicherlich nicht – weder heute noch morgen. Denn all das sind Fragen für Spezialisten. Für eine zeitgemäße Arbeit wird es ausreichen, eine positiv verstandene Halbbildung bei diesen Fragen zu haben und das Große und Ganze zu kennen, die Grundprinzipien nachvollziehen und die Technik für die eigenen Lebensentwürfe sinnvoll und kritisch-konstruktiv nutzen zu können.

Vorsicht ist in diesem Zusammenhang aber dennoch geboten: Psychologische Studien, die negative Effekte von zu frühen und zu umfangreichen digitalen Bildungsanstrengungen nachweisen, sind nicht von der Hand zu weisen. Die Studie »Brain Drain«[38] von Adrian F. Ward und Kollegen ist in diesem Zusammenhang das bekannteste Beispiel. Allein das Vorhandensein des Smartphones reduziert die Aufmerksamkeit und die Leistungsfähigkeit. Auf Facebook und Twitter macht aktuell ein Bild die Runde, das eine Lehrkraft in ihrer Klasse fotografiert hat: Es zeigt auf einem Flipchart als Strichliste die Anzahl der Nachrichten, die den Kindern während einer Schulstunde geschickt werden. Es waren deren mehrere hundert … Je mehr Zeit sie mit Smartphones verbringen, desto schlechter sind die schulischen Leistungen. Menschen – Lernende ebenso wie Lehrpersonen – müssen lernen, mit digitalen Medien sinnvoll umzugehen.

»Medienbildung« ist dabei das Stichwort: Ein Allgemeinbildungskonzept, das sich umfassend und mehrperspektivisch versteht und nach Ausgewogenheit und Ausgeglichenheit ringt, kann helfen, Ort und Umfang einer digitalen Bildung zu bestimmen. Wenn Kinder mehr Zeit vor dem Rechner verbringen als mit Freunden und länger in der virtuellen Welt leben als in der realen, dann ist definitiv ein Übermaß erreicht.

Damit ist die zweite Frage angesprochen: Braucht es ein eigenes Fach für digitale Bildung? Digitalisierung kann man als eines der Schlüsselprobleme unserer Zeit bezeichnen. Bei allen wesentlichen Fragen wissen wir, dass sie eine Spezialisierung innerhalb der einzelnen Fächer, aber auch eine interdisziplinäre Herangehensweise erfordern. Als Beispiel genannt sei Nachhaltigkeit, die in ökonomische, ökologische und soziale Bereiche hineinwirkt, letztlich jedoch nur übergreifend angegangen werden kann. Schlüsselprobleme lassen sich nicht aus der Perspektive der Einzelfächer lösen, genauso wenig, wie sie nur fachübergreifend bewältigt werden können. Vor diesem Hintergrund scheint das bewährte Konzept einer Medienbildung auch für die Digitalisierung zuzutreffen. Sie integriert die Bereiche der Medienkunde, -nutzung, -gestaltung und -kritik. All das gilt es bei einer digitalen Bildung zu berücksichtigen und sowohl in einem fachlichen Zugang als auch als fächerübergreifendes Bildungs- und Erziehungsziel umzusetzen.

Aber auch hier ist Vorsicht geboten. Denn neben der Digitalisierung gibt es noch genügend andere, ebenfalls bedeutende Herausforderungen: Inklusion und Migration, Rückgang der Körperlichkeit, insbesondere der körperlichen Verfassung von Kindern und Jugendlichen, Verlust der Demokratiefähigkeit, Wertewandel, Überlastungen und Orientierungslosigkeit in frühen Lebensjahren, des Weiteren Kompetenzorientierung zulasten konzentrierten Übens und interessierten Lernens, mangelnde Disziplin, Unruhe im Unterricht, Fehlzeiten von Schülern ohne Kontrolle durch verantwortliche Lehrer, fehlende Kommunikation innerhalb der Lehrerschaft, Lehrermangel, Rückzug ausgebrannter Lehrer, Bürokratisierung, Hetzjagden im Internet auf Lehrer, Gewalt in der Schule, Auseinandersetzungen mit schwierigen Eltern.

Damit die Schule diesen Aufgaben gewachsen bleibt, dürfen sie nicht ständig mehr werden. Wenn immer neue Aufgaben hinzukommen, muss es auch möglich sein, bereits bestehende Inhalte zu hinterfragen. Lehrpläne zeichnen sich leider nicht durch pädagogischen Freiraum aus, sondern sind voll mit Details, deren Sinnhaftigkeit nicht immer aus der Wirklichkeit unserer Gegenwart, sondern aus der Vergangenheit herrührt. Digitalisierung kann hier eine besondere Chance eröffnen, denn die Debatte über ein neues Fach kann, ja muss die Berechtigung aller anderen Bildungsinhalte infrage stellen. Das Curriculum als »heilige Kuh« steht zur Diskussion.

Wir werden nicht umhinkommen, die Digitalisierung zu einem wichtigen Thema in Schule und Unterricht zu machen. Sie ist eine bildungspolitische Herausforderung und eine pädagogische Chance, wenn es gelingt, ihre Möglichkeiten und Grenzen, ihre Vorteile und Nachteile zu sehen. Dabei lohnt es sich auch bei Fragen des Lehrplans, immer wieder auf den Ausgangs- und Endpunkt pädagogischer Bemühungen zu schauen: den Menschen. Weder zu euphorische noch zu apokalyptische Debatten werden ihm gerecht, sodass auch im Fall der digitalen Bildung die Maxime vom rechten Maß leitend sein kann – nicht zu früh und nicht zu spät, nicht zu viel und nicht zu wenig. Die goldene Mitte zu finden ist das Gebot der Stunde. Das allgegenwärtige Smartphone ist ein gutes Beispiel zur Veranschaulichung: In Händen von Kleinkindern hat es nichts zu suchen, wohingegen es für Jugendliche in einem zeitlich reflektierten Rahmen seine Berechtigung hat.

Risiken
digitaler Medien

Es ist hier nicht der Ort, umfassend den Wissensstand über die Gefährdung unserer Gesundheit durch exzessiven Handygebrauch und kontinuierliche WLAN-Exposition darzulegen. Es bleibt nur festzustellen, dass Schäden durch energiereiche Strahlung nach langfristiger und intensiver Nutzung auch heute nicht zweifelsfrei ausgeschlossen sind.

Eindeutig sind die immensen ökologischen Folgelasten: In einer Liste von Ländern mit dem meisten Energieverbrauch steht das Internet (als virtuelles Land) an sechster Stelle! Energieeinspareffekte durch die Digitalisierung, wie zum Beispiel ein geringerer Papierverbrauch, sind somit längst aufgebraucht. Die Umweltschäden, die die Entsorgung von Elektromüll in armen Ländern verursacht, sind enorm. Schonendes Recycling findet kaum statt. Die unkontrollierte Nutzung digitaler Medien vergiftet also unsere Umwelt.

Schließlich darf nicht übersehen werden, dass internationale Konzerne längst auch unsere Schulen als Ziel ihrer Marketingstrategien entdeckt haben: Große Computerfirmen statten ganze Schulen aus oder verschenken Lizenzen und Datenspeicher in der Cloud an Schülerinnen und Schüler. So werden frühzeitig Kunden gewonnen und gebunden. Harmlos ist das nicht!

Digitalisierte Schule – schöne neue Welt?

Manche Eltern beginnen sehr früh mit der digitalen Grunderziehung. In der Kinderarztpraxis kann man Eltern beobachten, die mit Smartphones ihre Säuglinge beruhigen, wenn sie vor dem Impfen Angst haben, andere Eltern setzen auf Spracherziehung mithilfe des Computers, Fernsehserien auf dem mobilen Mediaplayer sollen Kleinkinder unterhalten. Viele Pädagogen warnen hier vor einer Entmenschlichung des Umgangs mit Kindern. Manche Wissenschaftler vertreten die Meinung, dass Kindern erst ab zehn beziehungsweise zwölf Jahren der Gebrauch digitaler Medien erlaubt werden sollte. Den Einwand, die Kinder würden dann den digitalen Anschluss verlieren, entkräften sie mit dem Hinweis, dass man ja auch keinem Zwölfjährigen das Autofahren auf öffentlichen Straßen erlaubt, damit er als Achtzehnjähriger richtig mit dem Fahrzeug umgehen kann. Das halten wir für übertrieben.

Wir meinen, dass digitale Medien Werkzeuge sind, deren Gebrauch vernünftig erlernt werden muss. Und wir warnen an dieser Stelle erneut davor, bei aller Begeisterung für die Digitalisierung andere Probleme zu vernachlässigen, mit denen unsere Schulen zu kämpfen haben und die schon genannt wurden.

Was können wir
von den Reinhardts lernen?

Eine erfolgreiche Digitalisierung im Bildungsbereich braucht im Wesentlichen dreierlei: erstens Strukturen, zweitens Menschen, die diese Strukturen zum Leben erwecken, und drittens eine Vision von Bildung, die handlungsleitend wird. Entscheidend ist dabei der letzte Punkt! Ohne diese Vision ist alles andere inhaltsleer und ziellos. Leider können wir das derzeit in vielen Feldern beobachten: Es wird kräftig investiert – zur Freude der Wirtschaft –, aber ohne klares Ziel. Politische Aussagen wie »Wir müssen bei der Digitalisierung im Feld experimentieren« offenbaren dieses Unvermögen. Lassen Sie uns zunächst gründlich überlegen, welche Bildung uns wichtig ist und welche Gesellschaft wir wollen. Sodann lasst uns die Menschen so stärken, dass sie dies erreichen können. Dafür müssen gewisse Strukturen verändert werden, die dann aber nicht nur zufällig wirken, sondern den Menschen dienen und auf ein Ziel hin ausgerichtet sind.

Schulen sind Orte von Menschen und für Menschen. Der Mensch muss im Zentrum stehen. Es geht um Bildung und damit um die Frage, was uns zu Menschen macht und wie wir unsere Möglichkeiten für uns und unsere Mitmenschen nutzen können. Das bedeutet aber, die Technik nicht über den Menschen zu stellen. Wie gesagt: »Pädagogik vor Technik« muss es heißen. Denn jedes Kind hat ein Recht auf eine humane Schule, auch oder gerade im Zeitalter der Digitalisierung. – Wir ziehen also folgende Zwischenbilanz:

• Digitale Medien sind Teil unserer Lebenswelt. Insofern hat es keinen Sinn, sie zu verdammen. Aber es ist sinnvoll, sich darüber Gedanken zu machen, wann und wie sie in das Leben der Kinder zu bringen sind.

- Digitale Medien gibt es viele, und von Tag zu Tag werden es immer mehr. Nicht alle können letztlich halten, was sie versprechen. Umso mehr sind Eltern gefordert, genau hinzusehen.
- Kompetenz im Umgang mit digitalen Medien muss erworben werden – von den Kindern, obschon sie Digital Natives sind, aber ebenso von den Eltern, weil sie als Vorbilder fungieren.

Digitalisierung verändert unsere Lebenswelt im Kleinen wie im Großen. Technik hat immer die Möglichkeit zum Guten, aber auch zum Schlechten. Eltern tragen entscheidend Verantwortung, wie ihre Kinder in einer digitalisierten Welt groß werden.

Es kracht bei den Reinhardts

Bei Familie Reinhardt:
Episode Nr. 9

Die Familie hat gemeinsam beschlossen, dass Silvia die Schule nicht wechseln solle. Auch der Besuch eines Internats wird verworfen, obwohl Silvia sich dies durchaus hatte vorstellen können. Man wollte dann doch lieber als Familie zusammenbleiben, außerdem wäre das Internat sehr teuer gewesen.

Es drohen nun aber neue Zerreißproben: Georg hat als Abteilungsleiter zunehmend Schwierigkeiten mit jüngeren Kollegen, die seinen Führungsstil infrage stellen. Ein Ausweg zeichnet sich ab, als er die Position eines Regionalleiters angeboten bekommt. Diese Beförderung bedeutet mehr Verantwortung, mehr Gehalt, aber auch deutlich mehr Zeitaufwand, da er regelmäßig andere Städte besuchen und dort übernachten muss.

Als er seine Pläne zu Hause vorträgt, gibt es heftigen Streit. Klara ist auf keinen Fall damit einverstanden, wieder allein in der Familie für alles zuständig und verantwortlich zu sein und Georgs Rückzug zu dulden. Sie stellt Georg vor die Alternative: Beruf oder Familie. Georg wiederum spricht davon, dass Klaras Wunsch nach Gleichberechtigung zwar verständlich sei, aber letztendlich die Familie ruinieren würde. Sie solle noch ein wenig warten, bis sie sich selbst verwirklichen könne.

Irgendwo müsse das Geld doch auch herkommen, das die Familie für alles Mögliche brauche. Alle drei Kinder mischen sich in die Streitereien ihrer Eltern ein, mal auf der Seite des Vaters, mal auf der Seite der Mutter. Bei einem besonders heftigen Streit beschimpft Sarah ihren Vater als egoistischen Egomanen, dem alles andere wichtiger sei als die Familie. Georg verliert die Beherrschung und gibt ausgerechnet seiner ältesten Tochter eine Ohrfeige. Als Sarah heulend das Wohnzimmer verlässt, sagt Klara zu ihm: »Pack deine Koffer!«

Es gehört zu den wichtigen, manchmal auch bitteren Erfahrungen, denen wir ausgesetzt sind, dass nichts auf Dauer so bleibt, wie es ist. Unterschiedliche Interessen in Familien führen zwangsläufig zu Konflikten, die auf verschiedene Art und Weise ausgetragen und bewältigt werden können. Bei den Reinhardts waren grundsätzliche Zielkonflikte unterschwellig bis zum großen Krach herangewachsen. Ihre Klärung stand jetzt an.

Das Wichtigste gleich vorweg: Es gibt kein Patentrezept! Jede Familie muss sich ihr eigenes Konzept erarbeiten oder erstreiten. Klara liebte ihren Mann und ihre Familie und war bereit, viel für beide zu opfern, aber nur bis zu dem Zeitpunkt, an dem sie noch Anschluss an ihr eigenes Berufsleben gewinnen konnte. Diesen Zeitpunkt sah sie als erreicht an, zu Recht. Ihr Mann sah seine Aufgabe zunächst ganz nach klassischem Vorbild darin, die wirtschaftliche Basis der Familie zu sichern. Zwei Kinder hatten sie sich auf jeden Fall gewünscht, das dritte, der erste Junge in der Familie, war nicht von Anfang an geplant, aber hochwillkommen.

Georgs berufliche Anspannungen waren nicht leicht

auszuhalten. Er wünschte sich mehr Unterstützung von zu Hause. Dem Beispiel mancher Berufskollegen, die sich bei jeder größeren Beförderung scheiden ließen und eine neue Frau heirateten, oft ihre Sekretärin, hatte er nicht folgen wollen. Klara, seine kluge Frau, kam mit den Kindern so gut zurecht, sodass er glaubte, ihr diesen Bereich völlig überlassen zu können. Es war ein Trugschluss. Als die Probleme der Kinder in der Schule zunahmen, zeigte sich die Brüchigkeit dieses Familienkonzepts.

Wir wollen hoffen, dass es den Reinhardts gelingt, diese sicher schwerwiegendste Krise ihrer Familie zu meistern. Was passiert, wenn es ihnen nicht gelingt? Es gibt auch hier Lösungen (siehe ebenso die »Kontroverse Nr. 5: Geschiedene Eltern – beschädigt fürs Leben?«).

Gemeinsame Elternschaft ist das Wichtigste

Verheiratet, getrennt, geschieden? Das ist nicht entscheidend für den Schulerfolg. Wichtiger ist die gemeinsame Elternschaft. Nicht allen Eltern gelingt es, Ehe- und Familienkrisen ähnlich zu meistern, wie wir es den Reinhardts wünschen. Nicht selten bleiben eine längere Trennung oder gar eine Scheidung unvermeidlich. Ohne Zweifel ist ein Ende mit Schrecken oft besser als ein Schrecken ohne Ende. Aber ebenso ohne Zweifel sind Kinder immer die Leidtragenden.

Eltern sollten vermeiden, das Wertvollste aus ihrer gescheiterten Beziehung, ihre Kinder, zu zerstören. Geschiedenen Eltern kann es nach der Scheidung oft nicht schnell genug gehen, bis Frieden zu Hause einkehrt und die neue Partnerin beziehungsweise der neue Partner einzieht. Viele überfordern sich und ihre Kinder dabei. Oft möchte man von außen zurufen: »Langsam!« Sollten Sie sich in dieser Phase befinden, so planen Sie bitte jeden Schritt, einen nach dem anderen. Und suchen Sie rechtzeitig kompetente Hilfe von außen. Mit nichts können Eltern ihren Kindern ähnlich nachhaltig Schaden zufügen wie mit einer strittigen Scheidung. Denn nicht selten führen Scheidungen dazu, dass Kinder zwischen die Fronten geraten und sich als Auslöser der Streitereien sehen. Im schlimmsten, aber ebenfalls gar nicht so seltenen Fall können sie daraus sogar ein Gefühl der Schuld ableiten, das ihnen in ihrer Entwicklung dauerhaft schaden kann. Ein Rosenkrieg geht immer auf ihre Kosten.

Oft werden Kinderärzte und Lehrer dazu aufgerufen, einseitig Partei zu ergreifen, zum Beispiel im Sinne von Bestätigungen, dass die Behauptung der Gegenseite, der Vater oder die Mutter hätte sich nie um das Kind gekümmert, nicht zutreffen. Als Anwalt der Kinder sind Ärzte und Lehrer zur Neutralität verpflichtet und können ausgleichend wirken. Unser Vorteil ist, dass wir weder Anwalt der einen noch der anderen Seite sind – und schon gar keine Rechtsanwälte oder Richter. Solange beide Eltern kooperativ und offen mitarbeiten, kann die Überwindung der ersten Krisen gelingen. Auch hier gilt das allgemeine Ordnungsprinzip: das Richtige zur richtigen Zeit tun.

Deshalb erlauben Sie uns an dieser Stelle ein paar Anregungen. Lehrer und Ärzte sind natürlich keine Eheberater und sollten sich diese Funktion auch nie anmaßen, selbst wenn sie dazu aufgefordert werden. Als Partner der Familie aber, die Kinder und Eltern aus besseren Zeiten kennen, können Kinderärzte und Pädagogen durchaus konstruktiv helfen, indem sie den Eltern zu Folgendem raten:

- Nehmen Sie die eigene Trauer, den Schmerz über die gescheiterte Beziehung ernst.
- Nehmen Sie auch die Trauer der Kinder ernst.
- Unterscheiden Sie beides voneinander: Kinder erleben Scheidungen anders als Erwachsene.
- Leisten Sie Trauerarbeit, ohne das Vergangene zu entwerten. Es braucht Zeit, den Verlust einer engen Beziehung zu verarbeiten.
- Missbrauchen Sie Kinder nicht als Psychotherapeuten oder Ersatzpartner.
- Verleumden Sie den anderen Elternteil nicht.
- Garantieren Sie die Zuverlässigkeit beider Elternteile.
- Treffen Sie klare Verabredungen, die Sie auch einhalten.
- Achten Sie die Grenzen des ehemaligen Partners.
- Führen Sie einen neuen Partner behutsam ein.
- Erstellen Sie mit dem anderen Elternteil einen gemeinsamen Katalog wichtiger Erziehungsziele.

Gelingt ein so geordneter Übergang, kann bei den betroffenen Kindern das seelische Trauma der Scheidung der Eltern folgenlos ausheilen. Es dauert allerdings oft Jahre.

In Hinblick auf Schulleistungen unterscheiden sich Kinder aus Patchworkfamilien kaum von Schulkindern aus intakten Familien, wie der Blick auf die Wirkstärken verschiedener für die Schule relevanter Faktoren zeigt (siehe auch »Kontroverse 5: Geschiedene Eltern – beschädigt fürs Leben?« und die Liste der Wirkstärken pädagogischer Maßnahmen der mehrfach genannten Studie *Visible Learning* im Anhang). Die Familienstruktur erscheint dort an Position 122, erst Faktoren ab Position 146 schaden. Die Qualität der familiären Interaktion ist demnach wichtiger als die Familienkonstellation. Der Schulerfolg der Kinder muss durch die Trennung also nicht leiden, zielorientiertes und durchdachtes Handeln kann kompensierend wirken. Damit soll die schwierige Situation, in der sich betroffene Familien befinden, nicht bagatellisiert werden! Das Leben in einer Patchworkfamilie kann eine große Herausforderung sein. Aber um es noch einmal hervorzuheben: Es ist nicht entscheidend für den Bildungsgang Ihres Kindes, in welcher Beziehungs*konstellation* Sie sich befinden. Entscheidend ist, was in dieser Familie *passiert*.

Manche getrennte oder noch nicht getrennte Ehepaare führen einen Rosenkrieg, der auch vor der Kinderarztpraxis und den Klassenzimmern nicht haltmacht. Dazu ein Beispiel aus der Praxis:

Immer wieder führt die Mutter von Kevin, einem neunjährigen Grundschüler, bittere Klage über dessen Vater. Sie benutzt einen sehr kräftigen Ausdruck, um ihn zu charakterisieren. Sie habe sich von ihm vor einem Jahr getrennt. Er spiele immer den Besuchsonkel, der den Sohn am Wochenende verwöhne, während sie unter der Woche die ganze Arbeit habe. Nie seien die Hausaufgaben am Wochenende gemacht.

Als Kinderarzt ist man im ersten Moment natürlich versucht, der Mutter vollkommen recht zu geben. Schließlich und endlich obliegt nicht nur der getrennten Mutter die Pflicht, die gemeinsamen Kinder in schulischer Hinsicht zu fördern und zu beaufsichtigen. Man kennt aber auch in intakten Familien den schädlichen Einfluss stark differierender Erziehungskonzepte. Wie wir schon ausgeführt haben, ist eine harmonische Dreiecksbeziehung zwischen Vater, Mutter und Kind als sogenannte Triangulierung eine wesentliche Voraussetzung für eine gesunde emotionale und intellektuelle Entwicklung eines Kindes.

Wenn sich ein Rosenkrieg auch auf die Schulleistungen der Kinder ausdehnt, droht Gefahr. Der Kinderarzt muss wohl genau hinhören, ob die Klage einer Mutter gerechtfertigt ist, ob die Hausaufgaben zum Beispiel wirklich immer am Wochenende des Vaters abgearbeitet werden müssen, ob nicht auch andere Motive in ihrer Klage mitklingen. Er sollte darüber hinaus das Gespräch mit dem Vater suchen und sich davon nicht durch den Einwand abhalten lassen, man könne »mit dem verstockten Kerl« ohnehin nicht reden. Vielleicht gelingt es ja ihm als Außenstehenden, beide Eltern zu überzeugen und sinnvolle Einsichten zu vermitteln. Möglicherweise ist der Vater dankbar dafür, besser in das Leben seines Sohnes einbezogen zu sein, wenn er sich auch um den Schulalltag kümmern kann. Vielleicht gelingt es dem Kinderarzt im Gespräch mit beiden Eltern, dem Ziel einer gemeinsamen Elternschaft trotz Trennung ein Stück weit näher zu kommen. Am Ende auch hochstrittiger Auseinandersetzungen kann eine vernünftige Regelung entstehen, die von beiden Eltern getragen wird und den Schulerfolg von Kevin sichert. Die Lehrkräfte müssen auch in diesem Fall auf beide Eltern pädagogisch einwirken.

Häusliche Gewalt –
lebenslange Nachwirkungen

Leider nimmt der einleitend dargestellte Konflikt bei den Reinhardts ein ungutes Ende: Georg verpasst seiner Tochter eine Ohrfeige. Mancher könnte einwenden: »Schön ist das nicht, aber eine Ohrfeige hat noch niemandem geschadet!« Das kann natürlich nicht richtig sein, und man diskutiert darüber nicht erst seit gestern. Zum Beispiel warnte

August Hermann Niemeyer (1754–1828) – durch dessen Werk die Reformpädagogik im 18. Jahrhundert ihre Grundlagen erhielt und der an dem pietistischen Sozial- und Bildungswerk der Franckeschen Stiftungen in Halle an der Saale wirkte –, Kinder dürften zwar, wenn nichts mehr hilft und zur Abschreckung, schon einmal geschlagen werden, aber nicht auf den Kopf, weil die Gefahren zu groß seien.

Wir weisen das grundsätzlich zurück, aus ethischen und pädagogischen Gründen – obschon wir durchaus wissen, wie schwierig es manchmal sein kann, sich zu mäßigen. Anderen, insbesondere Kindern, darf keinerlei körperliche Gewalt angetan werden, selbst wenn sie es nach Meinung der Erwachsenen »verdient« hätten. Es ist mittlerweile durch unzählige Studien eindeutig belegt, dass Gewalt gegen Kinder im Elternhaus einer der Faktoren ist, die den Bildungsweg am negativsten beeinflussen. Außerdem wird den Kindern so der falsche Eindruck vermittelt, Gewalt anzuwenden sei in Konfliktfällen ein probates Mittel. Folglich werden sie diese »Lösungs«strategie auch für sich reklamieren und häufig anwenden. Aber selbst wenn dies alles nicht so eintreten sollte, wird das Verhältnis zwischen »Schützling« und »Beschützer« in der Regel doch empfindlich beschädigt, was bei dem »Opfer« unter Umständen dauerhaft negative Folgen haben kann, sowohl für sein Gefühlsleben als auch für die weitere Beziehung zu dem Elternteil, das sich nicht beherrschen konnte.

Regeln und Rückmeldungen:
Strategien zur Konfliktbewältigung

Was hätte Georg nun anders machen können? Klare Regeln und klare Sanktionen bei Überschreitung der Regeln sind wichtig für die zwischenmenschliche Kommunikation. Die Reinhardts hätten etwa ein Stoppsignal einführen können, das jeder geben kann, wenn er sich in die Enge gedrängt sieht. Für alle anderen bedeutet das zum Beispiel: fünf Minuten Pause, in denen der Konflikt nicht angesprochen werden darf – von keinem! Bei Regeln gilt, dass sich alle an sie halten müssen und dass sie nicht beliebig geändert werden dürfen. Durch die »Auszeit« bekommen die Beteiligten wichtige Minuten, um ihre Ruhe wiederzugewinnen.

Regeln in der Familie müssen gemeinsam erarbeitet und am Leben erhalten werden. In diesem Zusammenhang wollen wir Ihnen die drei wichtigsten Erkenntnisse aus der Forschung zu Rückmeldungen (Feedbackforschung) vorstellen:

• *Nicht die Quantität, sondern die Qualität von Rückmeldungen ist ausschlaggebend.* Wir unterscheiden hier verschiedene Ebenen: Wir können Rückmeldung durch Lob oder Tadel geben. Das Feedback ist nur bedingt wirksam, wenn es sich auf die Person bezieht und nicht auf die Sache, um die es geht. Wenn Sie beispielsweise Ihr Kind immer loben, weil es seine Hausaufgaben erledigt, dann mag das auf den ersten Blick richtig sein, in zweiter Linie kann sich das aber sogar negativ auswirken. So kann ein Kind durch zu viel Lob für eine erfüllte Aufgabe die Sorge entwickeln, beim nächsten Mal eben nicht gelobt zu werden.

Diese Angst hemmt, weil sie mit der Person zu tun hat und nicht mit der Sache. Ein Kind, das gern Hausaufgaben macht, kann durch zu viel Lob die zusätzliche Motivation entwickeln, immer wieder gelobt zu werden, und gleichzeitig kann es die wesentlichere Motivation, seine Hausaufgaben gut zu machen, verlieren. Das ist problematisch, weil der äußere Reiz (Lob) wichtiger wird als der innere Reiz (Hausaufgabe). Insofern sind andere Ebenen wichtiger, nämlich die Ebenen der Aufgabe, des Prozesses und der Selbstregulation. Auf der Ebene der Aufgabe teilt die Rückmeldung mit, ob eine Sache richtig oder falsch bearbeitet worden ist. Auf der Ebene des Prozesses gibt die Rückmeldung Hinweise, wie der Lernprozess bisher verlief, welche Fortschritte in Richtung Ziel gemacht wurden. Auf der Ebene der Selbstregulation verdeutlicht die Rückmeldung, welche nächsten Schritte zu gehen sind. Bitte machen Sie sich selbst bewusst, welche der genannten Ebenen – Aufgabe, Prozess und Selbstregulation – in welcher Situation für Sie am wichtigsten ist. Die Empirie hat eine eindeutige Antwort: Für den Lernerfolg ist es die Rückmeldung auf der Ebene der Selbstregulation. Die Schlüsselfrage lautet: »Was sind meine nächsten Schritte?«, um zu überlegen, welche weiteren Aktivitäten einen größeren Fortschritt bringen.

• *Entscheidend ist nicht, welche Rückmeldung gegeben wird, sondern welche Rückmeldung ankommt.* Eines der grundlegendsten Ergebnisse der Feedbackforschung zeigt, dass menschliche Kommunikation keine Einbahnstraße, sondern ein holpriger Weg ist, der in beide Richtungen gegangen werden muss, voller Hindernisse in Form von Fehlinterpretationen und selektiven Wahrnehmungen.

Insofern ist es immer wichtig nachzufragen, was von der beabsichtigten Rückmeldung angekommen ist. Wir glauben allzu oft, dass alles, was wir sagen, unverfälscht bei unseren Kindern ankommt, zumindest ankommen müsste. Die Realität belehrt uns meist eines Besseren. Verstehen Sie Rückmeldung stets als Dialog! Verbunden damit ist die Aufforderung, immer wieder nachzufragen, um sicherzustellen, dass die Basis Ihrer Kommunikation noch stimmt.

• *Eine Rückmeldung einzufordern ist ebenso wichtig, wie eine Rückmeldung, zu geben.* Die Rückmeldung wird in der Regel immer als etwas verstanden, was von einer Person an eine andere gegeben wird. Unter diesem Blickwinkel ist Rückmeldung auch immer mit Arbeit verbunden. Man muss überlegen, was man wem, wie und warum sagt. Das ist keine leichte Aufgabe. Aus der Feedbackforschung kommt nun eine wichtige Entlastung. Denn sie zeigt, dass dieser Perspektivwechsel nachhaltiger wirkt und dadurch weniger Arbeit bedeutet: Man sollte also nicht nur Rückmeldung geben, sondern auch Rückmeldung einholen. Sprechen Sie mit Ihren Kindern über die Art Ihrer häuslichen Kommunikation, und fragen Sie nach: War meine Ansage verständlich? Gibt es Schwierigkeiten? Konnte meine Unmutsäußerung verstanden werden, und wie hätte sie vermieden werden können? Diese und viele andere Fragen schaffen die Basis eines Dialogs, die die Voraussetzung für ein friedliches Miteinander ist. Wenn diese Basis zerstört ist, dann kann es eher zur Gewaltanwendung kommen. Nutzen Sie die Kraft des Dialogs und der Rückmeldung nicht nur in der Krise!

Kleinere Kinder beziehen einen Großteil ihres Selbstbewusstseins und ihres positiven Selbstbilds aus Rückmeldungen ihrer Eltern und Erzieher oder Lehrer. Diese Abhängigkeit löst sich später allmählich auf, was völlig natürlich und sinnvoll ist. Älteren Kindern wachsen Selbstvertrauen und Stolz zu, wenn sie wichtige Aufgaben erfüllen, und zwar nach Maßstäben, die allgemeinere Gültigkeit besitzen, als sie Vater und Mutter liefern. Hierbei sollten Eltern und Lehrer die Kinder unterstützen, auch im eigenen Interesse.

Es ist nicht einfach, die richtige Rückmeldung zu geben. Vorsicht ist vor zu viel Lob geboten. Gesunde ältere Kinder wollen nicht gelobt werden, weil sie hübsch angezogen sind oder gut aussehen. Sie erfahren eine innere Befriedigung, wenn sie ein selbst gewähltes Ziel erreicht haben. Das kann die fehlerfreie Darbietung eines Klavierstücks sein, der endlich geglückte zehnte Klimmzug, ein selbst erstellter Tierfilm oder die Lösung einer Matheaufgabe. Wir Erwachsenen sollten sie dabei zum Durchhalten ermuntern und ihnen zur Gewissheit verhelfen, dass sie ihre Ziele erreichen können. Das heißt natürlich: üben, üben, üben! »Kuschelpädagogik«, die den Kindern einredet, alle wichtigen Ziele seien ohne Anstrengung erreichbar und diejenigen, um die man kämpfen müsse, die Anstrengung nicht wert, schadet, weil sie den Kindern echte Erfolgserlebnisse verwehrt und die individuelle Selbstfindung erschwert. Gute Eltern und Lehrer werden bald überflüssig, wenn sie Kinder zur Selbstständigkeit erziehen. Sie befähigen sie zum Interesse an Lerninhalten oder Aufgaben, die auch außerhalb des Beziehungsrahmens der Familie Geltung haben.

Mehr Zivilcourage wagen – mehr Verantwortung leben!

Da wir Konflikten nicht aus dem Weg gehen können, aber gewaltfreie Lösungen für die Bewältigung von Interessenkonflikten suchen müssen, und weil eine nur einseitige Kommunikation auf Dauer immer unwirksam sein wird, ergibt sich fast automatisch die Forderung nach mehr Zivilcourage. Nicht nur in der Familie, zwischen Ehepartnern und Geschwistern, zwischen Lehrkräften und Eltern muss eine auf Feedback ausgerichtete Kommunikation herrschen, sondern auch zwischen gesellschaftlichen beziehungsweise politischen Gruppierungen und den verschiedenen Ebenen von Industrieunternehmen. Staaten, deren politische Führung auf der bedingungslosen Kontrolle ihrer »Untertanen« aufbaut statt auf einem steten Dialog mit ihnen, waren auch in vergangenen Zeiten auf eine besondere Weise instabil. Unternehmen, die keine Rückmeldung dulden beziehungsweise einfordern, gehen hohe Risiken ein, wie auch an deutschen Unternehmen zu beobachten ist. Insofern leisten gute Schulen, aus denen sozial kompetente Erwachsene hervorgehen, eine wichtige gesellschaftliche Aufgabe. Wir sollten immer wieder daran denken, wenn Schulen und Lehrkräfte verächtlich gemacht werden. Andererseits muss jeder, ob Weisungen gebend oder empfangend, seinerseits Verantwortung für sein Handeln übernehmen. Das klingt zwar banal, wir erleben aber in unserer Gegenwart beispielhaft an vielen Stellen, was passiert, wenn diese Regel nicht befolgt wird.

Hinter alldem verbirgt sich eine tiefe bildungsphilosophische Erkenntnis. Bildung ist nicht nur das Wissen, das Menschen haben, und nicht nur das Können, das sie abzurufen vermögen. Bildung hat vielmehr einen normativen Kern, wie er beispielsweise in der Bayerischen Verfassung verankert ist, Sie finden in jeder Länderverfassung einen entsprechenden Passus: »Die Schulen sollen nicht nur Wissen und Können vermitteln, sondern auch Herz und Charakter bilden« (Artikel 131, Absatz 1). Und dann folgen interessante Erläuterungen, ohne dass auch nur im Ansatz auf ein einzelnes Fach eingegangen wird: Kinder und Jugendliche sind »im Geiste der Demokratie ... und im Sinne der Völkerversöhnung zu erziehen« (Absatz 3). Die obersten Bildungs- und Erziehungsziele sind Verantwortungsbewusstsein für Natur und Umwelt, Verantwortungsgefühl und Verantwortungsfreudigkeit, Hilfsbereitschaft, Aufgeschlossenheit für alles Wahre, Gute und Schöne, Selbstbeherrschung sowie Achtung vor der Würde des Menschen. Das ist ein Bildungsfundament, das nicht nur für die Schule gilt, sondern auch für die Familie. Vergessen wir also bei allem Streben nach Erfolg – in der Bildung ebenso wie im Beruf – nicht die normative Quelle: Verantwortung für sich und andere zu übernehmen. Wir Eltern sind darauf angewiesen, dass unsere Kinder uns gegenüber den Generationenvertrag erfüllen. Wir müssen sie dazu befähigen, dies auch zu können.

Was können wir
von den Reinhardts lernen?

Nach diesem kurzen Ausflug in die Philosophie der Bildung kehren wir zurück zu unserer Beispielfamilie und ziehen wieder eine Zwischenbilanz:

- Zielkonflikte sind auch in Familien unvermeidlich. Gewalt, Rechthaberei und Machtkämpfe verhindern vernünftige Lösungen.
- Trennung oder Scheidung können, aber müssen nicht die Entwicklung und den Schulerfolg der Kinder gefährden. Aus allen familiären Strukturen können integre und zufriedene Erwachsene hervorgehen. Voraussetzung sind stabile zwischenmenschliche Beziehungen.
- Unsere Schulen haben einen großen gesamtgesellschaftlichen Auftrag. Wir müssen sie unterstützen, damit sie ihre Aufgaben erfüllen können und aus unseren Kindern Erwachsene werden, die Verantwortung übernehmen und Zivilcourage zeigen.

Erfolgreiche Erziehung verfolgt letztlich ein Ziel: Menschen auf ihrem Weg zu einem würdevollen Leben zu begleiten. Die Fragen nach unseren gemeinsamen Werten sind zentrale Themen und können nur in der Gemeinschaft umfassend beantwortet werden.

Kontroverse 5:
Geschiedene Eltern –
beschädigt fürs Leben?

Von außen betrachtet, leben die Reinhardts in geordneten Verhältnissen. Die Kinder sollten nach gängiger Meinung bestens für Schule und Leben vorbereitet sein. Was ist mit anderen Familien, in denen nicht so vermeintlich geordnete Verhältnisse herrschen? Müssen Kinder alleinerziehender oder geschiedener Eltern Schulversager werden? Ist das Risiko höher?

Nein, sagt die Forschung: Die Studie *Visible Learning*[39] geht diesen und vielen weiteren Fragen nach und fasst sie in einer übersichtlichen Tabelle zusammen. Es sind dort insgesamt 150 verschiedene pädagogische Maßnahmen und Umstände nach ihrer Wirksamkeit geordnet, beginnend mit stark wirksamen Faktoren wie einer realistischen Selbsteinschätzung des eigenen Leistungsniveaus durch den Lernenden (Stufe 1), die Glaubwürdigkeit der Lehrpersonen (Stufe 4) und endend mit zu häufigem Fernsehen im Elternhaus (Stufe 149) und häufigem Schulwechsel (Stufe 150). Ab Stufe 70 lässt sich keine Wirkung mehr nachweisen, ab Stufe 146 sind eindeutig schädliche Wirkungen festzustellen. Aus dieser Tabelle, die vollständig im Anhang wiedergegeben wird, seien hier nur die Faktoren herausgegriffen, die sich mit der Rolle des Elternhauses in Bezug auf die Lernleistung der Kinder beziehen:

44. *Elternhaus: Häusliches Anregungsniveau*
45. *Elternhaus: Sozioökonomischer Status*
51. *Elternhaus: Eltern-Unterstützung beim Lernen*
122. *Elternhaus: Familienstruktur*
147. *Elternhaus: Bezug staatlicher Transferleistungen*
149. *Elternhaus: Fernsehen*

Die ersten drei Stufen zeigen eindeutig positive Einflüsse: Bildungsnahe Eltern, die ihre Kinder intensiv fördern (hohes Anregungsniveau), erreichen viel für ihre Kinder. Der sozioökonomische Status spielt ebenso eine Rolle (siehe auch »Kontroverse 2: Was bedeutet das Abitur heute?«). Ein hochwichtiger Faktor ist die Unterstützung der Kinder beim Lernen, auf deren Qualität wir ebenfalls in unserem Buch immer wieder eingegangen sind.

Der Einfluss der jeweiligen Familienstruktur auf Leistungen von Schülerinnen und Schülern ist jedoch unwesentlich: Die Unterschiede zwischen Einkind- im Vergleich zu Mehrkindfamilien, klassischen Familienkonstellationen im Vergleich zu Patchworkfamilien oder die Berufstätigkeit der Mutter sind zu vernachlässigen. Daraus leitet sich ab, dass familiäre Strukturen nicht für sich allein wirksam sind. Ihre Wirksamkeit hängt von den in diesen Konstellationen handelnden Menschen ab. Es zeigte sich, dass in nahezu jeder vorstellbaren Familienkonstellation erfolgreiche und nicht erfolgreiche Erziehung geleistet wird. Wichtiger als die Familienstruktur ist somit die Kompetenz und Haltung der Eltern hinsichtlich der Erziehung. Diese macht sich in den Faktoren »Häusliches Anregungsniveau« und

»Elternunterstützung beim Lernen« bemerkbar. Nachzutragen bleibt, dass exzessives Fernsehen im Elternhaus den Schulerfolg eindeutig gefährdet und dass der Bezug staatlicher Transferleistungen durch die Eltern mit schlechten Schulleistungen korreliert. Das ist ein großes, sozialpolitisch wichtiges Thema!

Obwohl Familie Reinhardt also anscheinend über beste Voraussetzungen verfügt, alle drei Kinder problemlos durch die Schule zu bekommen, befindet sie sich in Schwierigkeiten. Sie hängen nicht nur von den Rahmenbedingungen der Familie ab, sondern vor allem von der Art und Weise, wie sie die Probleme zu bewältigen versucht. Es kommt also darauf an, wie wir Schulprobleme zu lösen versuchen, und nicht allein darauf, wie viel Zeit wir dafür aufwenden. Gute Lösungen lassen sich wie gesagt in jeder Familienstruktur, in Patchworkfamilien und bei getrennt oder alleinerziehenden Eltern beobachten. Das ist eine gute Nachricht für Familien in weniger geordneten Verhältnissen!

Kommen wir nun zur letzten Episode mit den Reinhardts.

Ein Neuanfang

Bei Familie Reinhardt:
Episode Nr. 10

Nach ein paar Tagen kommt Georg wieder nach Hause. Er hat intensiv nachgedacht, auch Klara und die Mädchen, ebenso Tobias. Allen ist klar: Die alte Familienstruktur ist zerbrochen, neue Regeln müssen ausgehandelt werden.

Georg entschuldigt sich bei seiner großen Tochter, es tue ihm furchtbar leid, dass er ihr gegenüber seine Beherrschung verloren habe. Er könne sich das nie verzeihen. Sarah beruhigt ihren Vater, sie habe gespürt, dass er aus Hilflosigkeit und nicht aus Bosheit überreagiert habe. Außerdem sei ihr bewusst geworden, dass sie die Familie im Stich gelassen und ihren Papa bis aufs Blut geärgert habe. Georg wiederum gibt allen zu verstehen, dass er seine Karriere nicht auf Kosten seiner Familie und nicht um jeden Preis verfolgen würde und dass er sich bereits nach Alternativen zu seiner Beförderung erkundigt habe.

Klara ist erleichtert darüber, dass Georg den Weg nach Hause gefunden und ihre beiden Streithälse sich versöhnt haben. Sie umarmt beide. Aber sie möchte auch, wie zwischen den Eheleuten lange vereinbart, allmählich wieder ganztags arbeiten. Georg beteuert, dass Klara auch nach seiner Meinung vollkommen zu Recht bei ihrem ursprünglichen und zwischen den Eheleuten lange verabredeten Plan bleibt. Sie muss selbstverständlich wieder in ihren alten Beruf zurückkehren und darf nicht riskieren, dort den Anschluss zu verlieren, während sie wartet, bis alle Kinder aus dem Haus sind.

Nachdem sich also eine grundsätzliche Lösung des maßgeblichen Konflikts zwischen den Eltern abgezeichnet hat, wenden sich beide den Kindern zu. Die Schwestern haben rasch verstanden, dass ihre Bereitschaft, etwas mehr Verantwortung in der Familie zu übernehmen, unverzichtbar für deren Fortbestand ist. Die Eltern wiederum sichern den Kindern zu, dass sie, wenn sie Verantwortung übernehmen, auch mehr Freiheit genießen werden. Tobias, gar nicht mehr der kleine »Pimpf«, beteiligt sich ebenfalls. Er fühlt sich ernst genommen.

Alles Weitere geschieht recht zügig: Der Mutter gelingt es, zunächst einer Halbtagsbeschäftigung in ihrem Beruf als Erzieherin nachzugehen. Sie sieht es als Wiedereinstieg. Ihr Arbeitgeber hat ihr zugesichert, dass sie ihre Arbeitszeit im Lauf der kommenden Jahre zunehmend würde ausdehnen können. Der Vater verzichtet auf die durchaus ambivalente Beförderung zum Regionalleiter, die ihn wahrscheinlich zeitlich, fachlich und persönlich überfordern würde. Ihm ist in einigen Gesprächen mit Kollegen klar geworden, dass er für die Rolle als »Regionalaufpasser« nicht geeignet ist. Er gönnt sich und seiner Familie eine Reduktion seiner Arbeitszeit und arbeitet nur noch dreißig Stunden in der Woche. Es fällt ihm nicht ganz leicht, aber er hat gute Aussichten, nach einigen Jahren wieder voll arbeiten und weitere Stufen seine Karriere erklimmen zu können. Einen Teil der Arbeiten kann er im »Homeoffice« am Computer durchführen.

Tobias gründet nach seinen Erfolgen als Assistent bei den Sprachkursen mit drei anderen Mitschülern aus den unteren Klassen einen Leseklub, in dem Kindern mit und ohne Migrationshintergrund, vor allem aber aus sozial schwachen Schichten, Freude am Lesen und Sprachkompetenz vermittelt wird.

Sein Projekt findet großen Anklang, demnächst soll ein Theaterstück eingeübt und aufgeführt werden. Als auch andere Eltern dazustoßen, entsteht die »Al-Arabia«-Runde (Wir werden noch darüber berichten!).

Silvia überwindet ihre pubertäre Krise. Sie findet in der Parallelklasse eine neue Freundin, mit der sie sich bestens versteht, und besucht einen Tanzkurs. Auf ersten Partys, die sie ohne Eltern oder ältere Schwester besucht, lernt sie neue Freunde kennen, auch den einen oder anderen älteren Mitschüler, der durchaus Interesse an ihr zu haben scheint. Als sie ihren Eltern neue Tanzschritte zeigt, beschließen Klara und Georg, ihrerseits einen Tanzkurs zu besuchen.

Sarahs Schulleistungen werden zunehmend besser. Es bleibt ihr erspart, eine Klasse zu wiederholen. Während eines mehrwöchigen Sprachlehrgangs lernt sie in London einen jungen Mann kennen, den sie auch nach ihrer gemeinsamen Rückkehr häufig trifft. Als sie den Eltern von Alexander berichtet, dass er sehr gut kochen kann, lädt ihn die ganze Familie zum Vorkochen und Kennenlernen ein. Alexander studiert Architektur. Sarah will das auch.

Die Reinhardts haben die größte Krise ihrer Familie also zumindest vorläufig bewältigt. Aber auch wenn sie gescheitert wären, hätte das nicht in einer schulischen Katastrophe für alle enden müssen. Denn wie schon oft in diesem Buch erwähnt wurde, können auch allein oder getrennt erziehende Eltern ihren Kindern genug mitgeben, sodass sie den Schulalltag meistern und aufrechte, gut ausgebildete und lebensfrohe Erwachsene werden. Es kommt ja auf die Qualität der Beziehungen zwischen den beteiligten Partnern an und nicht so sehr auf äußere Strukturen.

Schule und Elternhaus
arbeiten zusammen

Es gibt gute und schlechte Lehrer, gute und schlechte Kinderärzte und – mit Verlaub – auch gute und schlechte Eltern. Kein gesunder Mensch aber wird Lehrerin oder Lehrer, um Kinder zu drangsalieren, niemand Kinderarzt oder -ärztin, um Kinder zu quälen oder auszubeuten, niemand setzt als Vater und Mutter Kinder in die Welt, um sie bewusst zu »vermurksen« oder für eigene Zwecke zu missbrauchen. Aber wir sind alle fehlbar, manchmal mit nicht voraussehbaren Folgen. Und wir alle sind weder ganz gut noch ganz schlecht. Wir liegen irgendwo dazwischen.

An manchen Schulen finden dennoch Grabenkämpfe statt zwischen Lehrern, Eltern und Kindern, die durchaus den toxischen Dreiecksbeziehungen zerstrittener Familien entsprechen. Eltern beschweren sich über Lehrerinnen und Lehrer, die keine Disziplin in ihren Klassen aufrechterhalten, den Schülern nichts beibringen und (vermeintlich) hochbegabten Kindern nicht ihren Fähigkeiten entsprechend fördern wollten oder könnten. Lehrerinnen und Lehrer wiederum leiden darunter, dass manche Schüler selbst die Grundformen höflichen Umgangs missachten, Mitschüler mobben und manche Eltern die Schule als Reparaturwerkstatt unerzogener Kinder missbrauchen würden. Alle klagen über immer neue unausgereifte pädagogische Konzepte, die Politik und Verwaltung den Schulen überstülpen.

Vielleicht können wir ein wenig zur Versachlichung beitragen? Dass etwas objektiver diskutiert wird? Dass persönliche Angriffe und Beleidigungen unterbleiben? Wir alle, Lehrerinnen und Lehrer, Eltern und Ärzte, sollten uns nicht mit Schuldzuweisungen aufhalten, sondern unser Bestes für die Kinder tun. Wissenschaftliche Erkenntnisse können uns dabei helfen. Nehmen wir uns ein Beispiel an den Reinhardts!

Es ist den Reinhardts gelungen, eine stabile neue Familienstruktur zu entwickeln. Alle Mitglieder der Familie sind aus diesem Prozess gestärkt hervorgegangen. Sie können sich in Schule und Beruf leichter durchsetzen und sind dadurch auch wichtige Partner für andere. Vor allem jüngere Lehrerinnen und Lehrer sprechen Georg und Klara öfter an und bitten sie um Unterstützung in Fragen, die Eltern und Lehrerschaft nur gemeinsam lösen können.

So wurde in der Schule von Tobias eine Werkstatt namens »Zur eigenen Arbeit« eingerichtet, in der Erwachsene und Kinder gemeinsam mit Holz und verschiedenen anderen Materialien Kunst- und Gebrauchsgegenstände herstellen können.

Die Reinhardts führen ein offenes Haus, in dem viele Erwachsene, aber auch viele junge Menschen ein- und ausgehen, Schulfreunde und Freundinnen der Kinder und deren Freunde. Freundschaften werden gepflegt, die auch in den Schulalltag ausstrahlen und das Klima dort spürbar verbessern.

Die Direktorin der Schule der Reinhardt-Töchter ist als Pädagogin äußerst geschickt, und zwar nicht nur im Umgang mit Kindern, sondern auch mit deren Eltern. Immer wieder schärft sie ihren Lehrerinnen und Lehrern den Grundsatz ein, dass man Eltern im Gespräch dort abholen müsse, wo sie sind, und nicht hochnäsig und alles besser wissend darauf warten könne, bis Eltern »endlich zur Vernunft kämen«. Natürlich gibt es viele Diskussionen und unterschiedliche Meinungen über Unterrichtsgestaltung, Mittagsbetreuung, Pausenbrot, Verhalten bei Mobbing und vieles andere mehr. Die Auseinandersetzungen finden aber meistens in einem Klima gegenseitiger Achtung statt.

Früh sicherte sich die Direktorin Bundesgenossen bei der Lehrerschaft und den Eltern, um sachliche Diskussionen führen zu können. Sie wird auch für ihre unabhängige Meinung geachtet, die sie nicht zum willfährigen Werkzeug bürokratischer Direktiven werden ließ. Die Eltern fühlen sich ernst genommen. Von den Schülerinnen und Schülern wird die Direktorin vor allem wegen ihrer klaren Haltung geachtet. So wurde ihre Schule zu einer Schule der Demokratie, und zwar nicht nur für die Kinder, die sie besuchen, sondern auch für ihre Eltern.

Dank ihrer unkomplizierten, offenen Art und einer engen Zusammenarbeit mit den Eltern und der Lehrerschaft ist die Lösung einer Reihe von größeren und kleineren Problemen gelungen, an der andere Schulen scheiterten. Unsere Reinhardts sind oft dabei und haben Freude an ihren sozialen Erfolgen und der daraus resultierenden Anerkennung.

Die Initiativen im Einzelnen

Die arabische Kaffeerunde

Der Sprachkurs, den Tobias gemeinsam mit einem jungen Lehrer für die Kinder von Flüchtlingen abhält, erfreut sich großer Beliebtheit. Wir erinnern uns an die tatkräftige Unterstützung durch seine Mutter Klara, die die Kinder mit Naschereien verwöhnt. Manche Mütter der so bedachten Kinder bringen ihrerseits Spezialitäten aus ihrer Heimat mit. So entwickelt sich ganz spontan eine Gesprächsrunde von alteingesessenen und neu angekommenen Familien, die viel zum wechselseitigen Verständnis beiträgt. Das Besondere daran ist, dass es ohne staatliche Anordnung und politische Diskussion funktioniert, einfach unter Nachbarn. Inoffiziell gibt es sogar einen eigenen Namen: »Al Arabia«.

Schulwerkstatt »Zur eigenen Arbeit«

Der Vater eines Mitschülers von Tobias musste aus gesundheitlichen Gründen seinen Handwerksbetrieb aufgeben. Statt die alten Werkzeuge der Schreinerei zu verkaufen, spendete er sie der Schule. Die wiederum konnte in bislang ungenutzten Zimmern eine Art Werkstatt einrichten, die sich bald zu einem sozialen Schwerpunkt der Schule entwickeln sollte. Mit Unterstützung der Stadt, der Jugendfürsorge und privater Spender können dort für ein geringes Entgelt Kurse abgehalten werden. Eltern und Kinder basteln gemeinsam Gegenstände aus Holz für den täglichen Gebrauch, auffällige Jugendliche können unter Anleitung des Schreiners im Gestalten konkreter Objekte Freude an der Arbeit, an beständigem Fleiß und dauerhafter Disziplin erfahren.

Tobias ist stolz, als er zusammen mit seinem Vater dort einen stabilen Kinderstuhl fertigen und sich zu Hause feiern lassen kann.

Fridays for Future

Die Schule der Reinhardt-Töchter hat als liberale und fortschrittliche Lehranstalt durchaus Verständnis für die Jugendbewegung »Fridays for Future«, die im Jahr 2018 ihren Anfang nahm. Es war zunächst schwierig, skeptische Eltern und Lehrer davon zu überzeugen, dass die Kinder ihren Schulstreik nicht nur deshalb durchführten, weil sie so ungestraft die Schule schwänzen konnten. Man einigte sich auf ökologisch sinnvolle Aktionen im Zusammenhang mit den Streiktagen. Die Schüler haben beschlossen, kein Junkfood mehr zu verzehren, ebenso verzichtet man auf Softdrinks und hat die Schulfahrten mit elterlichen SUVs reduziert. Eigene Arbeitsgruppen berechnen die Ökobilanz verschiedener Maßnahmen, dabei fehlt auch der Energieverbrauch digitaler Geräte nicht.

Der Ideenreichtum von Kindern, Eltern und Lehrkräften ist groß, zusammen erreichten sie beispielsweise eine Reduktion von Plastikmüll in der Schule um 80 Prozent. Manche der Unternehmungen sind mühsam und dauern etwas länger als die reine Schulzeit. Das überzeugte auch Skeptiker davon, dass die meisten Kinder sich nicht aus Opportunismus, als Trittbrettfahrer der Bewegung angeschlossen haben, obwohl es natürlich auch solche gibt.

Streuobstwiese: Liebe zur Natur

Sarah beteiligt sich an einem Volksbegehren zur Rettung der Bienen – aber nicht wegen der Bienen, wie sie immer sagte: Denn die Bienen und Schmetterlinge brauchen nicht uns Menschen, sondern wir brauchen die Bienen. Umweltschutz war für sie daher immer Menschheitsschutz.

In der Schule entspinnt sich eine Diskussion darüber, was denn der Einzelne konkret tun könne. Sie bespricht mit ihrem Onkel, der auf einem Bauernhof vor den Toren der Stadt mit vielen Wiesen lebt und nebenbei eine Imkerei betreibt, einen Besuch vor Ort. Viel gibt es zu lernen und wissenschaftlich zu überprüfen: die Anzahl verschiedener Schmetterlingsarten, Bienen und anderer Insekten, das Ökosystem der Streuobstwiesen, Auswirkungen der Massentierhaltung und vieles andere mehr.

Zum Schluss bekommen die Stadtkinder Saatgut mit nach Hause, um für Bienen und Schmetterlinge auch dort einen Lebensraum zu schaffen. Das Wichtigste dabei ist, dass vielen Kindern ein Wechsel der eigenen Perspektive und damit auch ihrer Haltung gelang: Kinder, die Bienen bei der Arbeit bewundern, Schmetterlinge in ihrem unvergleichlichen Flug beobachten und die Schönheit der Natur erleben können, wenn sich der Schmetterling auf einer Blume niedergelassen hat, sehen die Welt mit anderen Augen. Sie lernen, etwas anderes um seiner selbst willen zu lieben, und nicht, weil es nützlich ist. Das macht uns Menschen zu Menschen.

Sicher haben Sie das mit Ihren Kindern so oder ähnlich auch erlebt, wenn nicht, sollten Sie es bald nachholen. In der Gruppe mit gleichaltrigen Jugendlichen – so die Erfahrung von Sarah – macht es besonders viel Spaß!

Arbeitskreis Mathe:
Wer hat Angst vor Mathematik?

Eines Tages kommt Tobias mit einem Zeitungsartikel zu seinem Vater. »Schau«, sagt er, »hier steht's genau: Mathematik brauchen nur ganz wenige! Die meisten verstehen sie auch gar nicht! Warum soll ich mich dann damit plagen?«

Georg studiert den ominösen Artikel genau und findet eine Reihe von Widersprüchlichkeiten. Er kann Tobias davon überzeugen, dass sie gemeinsam mit dem Direktor und zwei besonders begabten Mathematikern aus den älteren Jahrgängen einen Arbeitskreis gründen. Die kleine Gruppe besucht im Lauf des Schuljahrs Lehrerinnen und Lehrer aller Fächer und bittet sie, mindestens drei Themen zu nennen, bei denen Mathematik in ihrem Fach eine bedeutende Rolle spielt.

Die Musiklehrerin spricht von Rhythmik, Tonhöhen, Schwingungen und Notenintervallen, der Geschichtslehrer davon, wie schräg die Auffahrtrampen für den Bau der Pyramiden sein mussten, wie Galileo die Kirchenfürsten widerlegte, und der Sportlehrer davon, wie steil man einen Speer werfen muss, damit er möglichst weit fliegen kann.

Die Ausbeute ist riesig: Es gibt kein Fach, das nicht mindestens ein halbes Dutzend Themen nennen kann, bei denen sich zeigt, dass mathematische Berechnungen auch im täglichen Leben unverzichtbar sind, vorausgesetzt, man will bewusst leben.

Nachdem Tobias auch noch verstanden hat, dass Mathematik eigentlich nur eine besondere Art Sprache ist, die verkürzt Sachzusammenhänge beschreibt, verliert er seine Angst vor Mathematik, zumindest teilweise. Er hat ja auch keine Angst vor Spanisch.

Dass Mathematik etwas für »faule Schlaue« ist, die sich keine unnötige Mühe geben wollen, lernt er an dem Beispiel des großen Mathematikers Carl Friedrich Gauß (1777–1855): Es heißt, Gauß habe im Alter von neun Jahren in der Schule gemeinsam mit seinen Kameraden alle Zahlen von 1 bis 100 zusammenzählen sollen, weil der Lehrer sie lediglich beschäftigen und selbst ein Buch lesen wollte. Gauß habe sie allerdings in kürzester Zeit gelöst, indem er fünfzig Paare mit der Summe 101 bildete (1 + 100, 2 + 99 … 50 + 51). Jedes der so entstandenen fünfzig Paare ergab in der Summe 101, macht zusammen $50 \times 101 = 5050$. Der Lehrer erkannte Gauß' außergewöhnliche mathematische Begabung (allerdings erst im zweiten Anlauf) und sorgte dafür, dass ihm eine entsprechende schulische Laufbahn ermöglicht wurde. Ein ansteckendes Beispiel auch für unsere Kinder!

Die Reinhardts spielen bei all diesen Projekten eine nicht unwesentliche Rolle. Nicht, dass sie sich in den Vordergrund geschoben hätten, es hat sich so ergeben, weil sie gefragt wurden und sich gern engagieren. Nicht selten wird auch in der Familie wochenlang intensiv und lebendig über verschiedene Themen diskutiert. Alle Familienmitglieder sind als Mediatoren in den beiden Schulen gefragt und stärken so den Zusammenhalt. Szenen, wie wir sie bereits geschildert haben – etwa dass eine Lehrerin derb beschimpft wird und man ihre Versetzung anstrebt –, gibt es in den Schulen der Reinhardt-Kinder so gut wie nicht.

Was können wir
von den Reinhardts lernen?

Die Erfahrungen und Probleme der Reinhardts finden sich so oder so ähnlich wohl in allen Lebensgemeinschaften mit Kindern wieder. Aus diesem Grund ist es uns ein Anliegen, noch einmal darauf hinzuweisen, dass unsere exemplarischen Überlegungen auch für andere familiären Konstellationen von Interesse sein können: ob verheiratet, alleinerziehend, getrennt oder geschieden lebend, ob heterosexuell, homosexuell oder divers. Es gibt heute viele Lebensformen, und dem Grundsatz einer offenen Gesellschaft folgend, ist es aus unserer Sicht auch wichtig, dass diese Formen des Zusammenlebens möglich sind. Denn – und auch das ist unser Anliegen – wichtiger als die Familienkonstellation ist aus den bereits genannten Gründen die Familieninteraktion: Was passiert in den Gemeinschaften? Wie leben die Menschen miteinander? Und vielleicht noch wichtiger: Warum leben sie miteinander, und was bedeutet für sie Familie?

Wir sind bei der zehnten Episode angelangt und werden unsere Reinhardts jetzt verlassen. Wir freuen uns darüber, dass ihnen zuletzt sehr viel gut gelungen ist (wir haben ein bisschen nachgeholfen). Ihre wohl schwerste Krise konnten sie meistern, zwar nicht hundertprozentig perfekt, aber so, dass alle zufrieden sein dürfen.

Wir glauben, wir konnten in den vergangenen zehn Episoden viel von ihnen lernen, auch aus ihren Fehlern. In unserer letzten Zwischenbilanz fassen wir nun zusammen, was uns in diesem Kapitel vermittelt wurde:

- Wir müssen miteinander reden statt übereinander. Streit gehört zum normalen Leben, auf die Lösungen kommt es an. Schulprobleme sind Teil des Familienlebens.
- Nur wenn Elternhaus und Schule offen und voller Respekt voreinander zusammenarbeiten, kann Schule das sein, was sie sein soll: die Schule für das Leben.
- Es kommt auf die Qualität der Interaktion zwischen Kindern, Eltern und Erzieher an und erst in zweiter Linie auf Rahmenbedingungen. Einmal mehr wird deutlich: Erziehung ist Beziehung und nie einseitig.

Konstruktive Zusammenarbeit – das, so glauben wir, so wissen wir, ist die Lösung für fast alle Schulprobleme. Es bedeutet natürlich, dass alle Beteiligten den Standpunkt und die Interessen des jeweiligen Partners kennen und in ihre Überlegungen mit einbeziehen. Eltern müssen wissen, was in Kindern und Lehrkräften vorgeht. Lehrerinnen und Lehrer sollten Kinder und Eltern verstehen. Kinder müssen lernen, wie sie mit Erwachsenen umgehen können.

An diesem Punkt sind wir bei der *Philosophie des Miteinanders* angekommen: Zentrales Element dieser Philosophie ist der gegenseitige Respekt und die Beachtung von Regeln. Lehrer müssen gut ausgebildet sein. Ihre Funktion, ihr Wissen und Können muss von Schülern und Eltern geachtet und angenommen werden. Lehrkräfte wiederum müssen ihre Schulkinder und deren Eltern dort abholen, wo sie sind, sie müssen sie überzeugen, ohne ihr pädagogisches Konzept zu verleugnen.

Was die Philosophie des Miteinanders angeht: Die Menschheit steht an einem Scheideweg. Wir müssen alle lernen, dass das Prinzip Ausbeutung und Rücksichtslosigkeit nicht funktioniert – weder gegenüber unserer Umwelt noch gegenüber anderen Völkern. Jeder Mensch hat eine Würde, die unantastbar ist. Und auch die Welt um uns herum wird getragen von diesen Schöpfungsgedanken. Er ist die Grundlage für Austausch und Kooperation, für Kommunikation und Interaktion. Erfolgreiche Erziehung lebt davon. In diesem Sinn wünschen wir uns allen die Fähigkeit zum Dialog.

Ausblick

Liebe Eltern, liebe Leserinnen und Leser, wir laden Sie jetzt zu einem Gedankenexperiment ein. Wir schreiben das Jahr 2040. Pädagogik und Politik sind weit fortgeschritten. Irrtümer und Fehleinschätzungen in der öffentlichen Wahrnehmung, in Politik und Wissenschaft haben sich ausmerzen lassen. Das Wohl der Kinder und somit die Zukunft unserer Gesellschaft stehen im Mittelpunkt pädagogischer und politischer Erwägungen. Man weiß jetzt, wie es gelingen kann, Kinder zu glücklichen, sozial verantwortlichen und kreativen Erwachsenen heranwachsen zu lassen. Eine gute Zeit hat begonnen, in der Politik das Wesentliche erkennt und durchsetzt.

Unsere Familie Reinhardt hätte nun ideale Bedingungen, alle drei Kinder erfolgreich und ohne große persönliche Opfer durch Kindheit, Kindergarten, Grundschule, weiterführende Schule, Schulabschluss bis zur Berufsausbildung zu begleiten. Eltern können sich jetzt frei ohne wirtschaftlichen, beruflichen und sozialen Zwang entscheiden, welche Art von Betreuung sie ihren kleinen Kindern bis zum Alter von drei Jahren zukommen lassen wollen. Es gibt je nach familiärer und beruflicher Situation der Eltern substanzielle Unterstützung für jede Alternative. Die Kinder können zu Hause oder in der Kinderkrippe versorgt werden, die Eltern tun dies gemeinsam, getrennt oder alleinerziehend, beide Elternteile üben ihren Beruf aus, abwechselnd oder gleichzeitig. Für jede notwendige und sinnvolle Art von zusätzlicher Versorgung, sei es in Spielgruppen, stundenweiser Betreuung oder Ganztagesbetreuung, ist gesorgt. In Schulen gibt es genug hochqualifiziertes Personal, um Kinder in kleinen Gruppen, bei besonderen Problemen zusätzlich auch individuell, zu versorgen. Erzieherinnen und Erzieher sowie Lehrkräfte sind gut bezahlte und hochangesehene Berufe mit einer langen, fundierten Ausbildung. Eltern erhalten einen Bonus für die Betreuung ihrer eigenen Kinder, der ihre berufliche Laufbahn befördert. Der berufliche Wiedereinstieg von Vätern und Müttern, die sich um ihre Kinder gekümmert haben, ist gesichert. Es gibt keine versteckte Benachteiligung von Müttern mehr am Arbeitsplatz, kein verstecktes Ausbremsen. Schulkarrieren werden den Kindern so angepasst, dass ihre Begabungen voll zur Entfaltung kommen. Wir arbeiten weniger und sind zufriedener. In der Bevölkerung ist die Auffassung verbreitet, dass Frauen und Männer, die in Familien oder ähnlichen sozialen Strukturen Verantwortung zu tragen gelernt haben, für politische Ämter besonders geeignet sind. Populistisches Hordengebrüll gibt es nicht mehr. Digitale Hilfsmittel werden im Alltag problemlos eingesetzt, unterliegen demokratischer Kontrolle in inhaltlicher und wirtschaftlicher Hinsicht, die Verführung Minderjähriger zur Spielsucht, zum Konsum und zur üblen Nachrede ist international geächtet und steht unter Strafe. Die Flüchtlingskrisen sind überwunden, Integration findet ohne Druck zur Assimilation statt. Ausgrenzung gehört der Vergangenheit an. Integratives, gutnachbarschaftliches Wohnen, in dem Alt und Jung sich zum wechselhaften Nutzen miteinander beschäftigen können und dies auch tun, ist zum Normalfall geworden.

Von solch günstigen Voraussetzungen haben unsere Reinhardts, wir beide und frühere Generationen von Eltern nur träumen können. Trotzdem haben es die Reinhardts weit gebracht, irgendwie, nicht einfach, nicht gradlinig, nicht ohne Mühsal und Konflikt. Für viele Probleme waren die Reinhardts auch selbst verantwortlich, sie waren nicht perfekt. Aber gibt es das überhaupt: perfekte Eltern? Kann es die überhaupt geben?

Die Lösungen, die die Reinhardts für sich gewonnen haben, sind für manche Familien, eventuell auch für Sie und Ihre Kinder, vielleicht nicht sinnvoll, möglicherweise sogar unsinnig. Das darf so sein, und es ist gut, wenn Sie andere konstruktive Alternativen finden. Schließlich ist jede Familie, auch die Ihre, einzigartig. Wir alle können voneinander lernen, in guter wie in schlechter Hinsicht, am guten wie am schlechten Beispiel.

Natürlich haben auch wir, die Autoren, viel von den Reinhardts gelernt. Schließlich mussten wir uns immer wieder ausführlich mit allen möglichen Fragen der Pädagogik und der Kinderheilkunde auseinandersetzen. Dabei haben sich einige Wunschvorstellungen herauskristallisiert, von denen wir Ihnen zum Schluss einige nennen wollen:

Wir wünschen allen Kindern Eltern,
- die sie ernst nehmen, und zwar in jeder Hinsicht: mit grenzenloser Zuneigung, mit angemessenem Lob, wenn ihnen etwas gelungen ist, mit freundlicher Korrektur, wenn etwas nicht so gut geklappt hat, und mit eindeutigem Tadel für inakzeptables Fehlverhalten,
- die ihren Kindern mit gutem Beispiel vorangehen und ihnen so den achtsamen Umgang mit sich selbst, der Mitwelt und der Umwelt vermitteln,
- die bereit sind, auch Fehler zu machen und dann gemeinsam mit ihren Kindern daraus zu lernen,
- die nie den Mut und selten die Geduld verlieren,
- die die kindliche Entwicklung verstehen und wissen, dass ein Kleinkind und ein Jugendlicher unterschiedlich behandelt und auch erzogen werden müssen,
- die Patentlösungen misstrauen und offen bleiben für die vielen Überraschungen, die ihre Kinder ihnen bieten,
- die die Kooperation mit Lehrkräften suchen, um gemeinsam zum Wohl des Kindes zu handeln,
- die nie aufgehört haben, ein Kind zu sein, und
- die immer wieder versuchen, den Alltag des Kindes aus dessen Augen zu sehen.

Wir wünschen allen Kindern Lehrkräfte,
- die sich als Partner der Eltern verstehen,
- die keine Einzelkämpfer sind, sondern Teamspieler,
- die sich immer wieder selbst hinterfragen,
- die nur in Ausnahmesituationen Unterricht »nach Schema F« halten,
- die aus Leidenschaft für die Kinder und Jugendlichen unterrichten,
- die einen starken Rückhalt in ihrem Kollegium finden,
- die genug Autorität haben, um sich, wenn erforderlich, durchzusetzen, und genug Humor, wenn Autorität nicht so nötig ist,
- denen bewusst ist, warum sie Lehrkräfte geworden sind, und das nie vergessen.

Wir wünschen allen Kindern eine Schule,
- in die man nicht nur am ersten Tag gern geht, sondern die 15 000 Stunden seines Lebens, die man dort verbringt,
- in der alle willkommen sind, unabhängig von Geschlecht, Hautfarbe, sozialer Herkunft, Nationalität oder Intelligenz,
- die nicht nur Lernort ist, sondern vor allem Bildungsort und Lebensraum,
- in der Kinder und Jugendliche auch riskieren, Fehler zu machen, weil sie wissen, dass Fehler zum Lernen gehören,
- in der mehr miteinander als übereinander gesprochen wird,
- in der jedes Kind wichtig ist und es nie nur um Zahlen geht, sondern immer um den Menschen.

Wir wünschen allen Kindern eine Politik,

- die sich nicht von Mythen leiten lässt, sondern darauf blickt, was wirklich wichtig ist,
- die sich nicht ablenken lässt und selbst nicht ablenkt, sondern mit Herz und Verstand das Wesentliche anpackt,
- die nicht unaufrichtig agiert, sondern ehrlich,
- die zu ihren Fehlern steht und
- die im Kern ein Leitmotiv besitzt: Humanität.

Wenn all das eines Tages eintritt, dann ist unser Gedankenexperiment Realität. Das wünschen wir uns und Ihnen, liebe Leserin, lieber Leser, und am Ende unseres Buches alles Gute!

Ihr Walter Dorsch und Ihr Klaus Zierer

Dank

Allen voran wollen wir unseren klugen Frauen danken. Sie sind nicht nur unser ruhender Pol, sondern haben uns immer wieder gezeigt, wie wichtig gemeinsames Handeln und Erziehen ist. Auch bei der Niederschrift unserer Erfahrungen haben sie wertvolle Hilfe geleistet.

Sodann gilt unser Dank unseren Kindern, die unsere pädagogischen Konzepte manchmal unerbittlichen Härtetests unterzogen haben. Im Großen und Ganzen haben wir – so wurde uns gelegentlich mitgeteilt – die gestellten Prüfungen bestanden.

Und schließlich gebührt Frau Karin Stuhldreier und Frau Sandra Czech unser Dank, die im Auftrag des Kösel-Verlags von Angang an Interesse für unser Buch zeigten und die außerordentlich sorgfältige Betreuung bei der Erstellung unseres Buches verantworten.

Anhang

Bildungspolitisch relevante Einflussgrößen: die Studie *Visible Learning*

Die folgende Liste gibt einen Überblick über die Wirkstärken der verschiedenen pädagogischen Maßnahmen und Umstände (nach Hattie und Zierer). Sie ist dem bereits mehrfach zitierten Buch *Visible Learning*[40] entnommen und basiert auf über 1400 Meta-Analysen und umfasst insgesamt 150 Faktoren. Diese sind den Bereichen »Lernende«, »Elternhaus«, »Schule«, »Curricula«, »Lehrperson« und »Unterricht« zugeordnet und nach der Größe ihrer Wirksamkeit sortiert. Wichtige Bezugsgröße ist der Wert 0,4, er stellt den Durchschnitt aller erhobenen Effektstärken dar und markiert in *Visible Learning* den Bereich der »Erwünschten Effekte«. Er wird gemeinhin mit dem Lernzuwachs verglichen, der durchschnittlich in einem Schuljahr erzielt wird. Werte zwischen 0,2 und 0,4 werden als gewöhnliche »Schulbesuchseffekte« bezeichnet, die in einer durchschnittlichen Schule, bei einer durchschnittlichen Lehrperson, in einer durchschnittlichen Klasse und bei einem durchschnittlichen Elternhaus eintreten. Allein durch das Älterwerden entstehen auch Lernfortschritte (Lernen lässt sich nicht verhindern). Sie werden als »Entwicklungseffekte« bezeichnet und nehmen Effektstärken zwischen 0 und 0,2 ein. Und daraus ergibt sich die Interpretation, dass negative Werte sehr selten sind und als »umkehrende Effekte« bezeichnet werden.

Eine gute Schule wird Methoden mit dem einfachen, aber überzeugenden Anspruch einsetzen, besser zu sein als der Durchschnitt, also oberhalb der Wirkstärke 0,4 (in der Tabelle Position 1 bis 70). Die positiv wirksamsten Faktoren stehen am Beginn der Tabelle. Faktoren ab Position 146 schaden.

Angesichts der Gefahr einer verkürzenden Interpretation ist darauf hinzuweisen, dass die Übersicht in erster Linie der Orientierung dient. Die Faktoren wirken nicht unabhängig voneinander, sondern bedingen sich gegenseitig. Manche sind hocheffektiv und verursachen wenig Aufwand, andere kosten Unsummen und bewirken fast gar nichts:

1. Lernende: Selbsteinschätzung des eigenen Leistungsniveaus
2. Lernende: Erkenntnisstufen
3. Unterrichten: Reaktion auf Intervention
4. Lehrpersonen: Glaubwürdigkeit
5. Unterrichten: Formative Evaluation (Bewertung des Unterrichtsprozesses)
6. Lehrperson: Micro-Teaching (kleinschrittiges Planen und Reflektieren von Unterricht)
7. Unterrichten: Klassendiskussionen
8. Unterrichten: Interventionen für Lernende mit besonderem Förderbedarf
9. Lehrperson: Klarheit der Lehrperson
10. Unterrichten: Rückmeldung (Feedback)
11. Unterrichten: Reziprokes Lehren (systematisches Bearbeiten von Texten)
12. Lehrperson: Lehrer-Schüler-Beziehung
13. Unterrichten: Bewusstes Üben
14. Unterrichten: Metakognitive Strategien (Kontroll-, Durchführungs- und Planungsmechanismen für erfolgreiches Lernen)
15. Schule: Akzeleration (Überspringen einer Jahrgangsstufe)
16. Schule: Beeinflussung von Verhalten in der Klasse
17. Curricula: Vokabel- und Wortschatzförderung
18. Curricula: Wiederholtes Lesen
19. Curricula: Kreativitätsförderung
20. Lernende: Vorausgehendes Leistungsniveau (Vorwissen und Vorerfahrungen)
21. Unterrichten: Lautes Denken (Sprechen über Denk- und Lernwege)
22. Unterrichten: Lerntechniken
23. Unterrichten: Lehrstrategien
24. Unterrichten: Problemlösen
25. Lehrpersonen: Nichtetikettieren von Lernenden
26. Curricula: Lese-Verständnis-Förderung
27. Unterrichten: Concept Mapping (grafische Darstellung von Lernergebnissen)

sonderen zum Allgemeinen vorange-
schritten wird)
88. Unterrichten: Hausaufgaben
89. Lernende: Positive Sicht auf die eigene Ethnizität
90. Lehrperson: Lehrpersoneneffekte (Lehrerpersönlichkeit)
91. Lernende: Medikamente
92. Unterrichten: Forschendes Lernen
93. Schule: Externe Evaluation
94. Schule: Förderklassen für Hochbegabte
95. Elternhaus: Hausbesuche durch Lehrpersonen
96. Lernende: Bewegung und Entspannung
97. Schule: Desegregation (Jahrgangsmischung)
98. Unterrichten: Test-Training/-Coaching
99. Curricula: Nutzung von Taschenrechnern
100. Unterrichten: Freiwillige Tutoren
101. Lernende: Fehlen chronischer Krankheiten
102. Schule: Inklusive Beschulung
103. Curricula: Werte- und Moralerziehung
104. Unterrichten: Kompetitives vs. individuelles Lernen
105. Unterrichten: Programmierte Instruktion (kleinschrittiges Vorgehen unter Zuhilfenahme von Lernsoftware)
106. Schule: Sommerschulen
107. Schule: Finanzielle Ausstattung
108. Schule: Konfessionsschulen
109. Unterrichten: Individualisieren
110. Unterrichten: neue Medien
111. Unterrichten: umfassende Unterrichtsreformen
112. Lehrperson: Sprachkompetenz
113. Schule: Klassengröße
114. Schule: Vertragsschulen (zum Beispiel in privater Trägerschaft)
115. Unterrichten: Zuschnitt von Methoden auf Schülermerkmale
116. Curricula: außercurriculare Aktivitäten

117. Unterrichten: Lernzielhierarchisierung
118. Unterrichten: Co-Teaching/Teamteaching
119. Lernende: Schülerpersönlichkeit
120. Schule: allgemeines Lernen in Kleingruppen
121. Unterrichten: College-Förderkurse
122. Elternhaus: Familienstruktur
123. Schule: Schulberatung
124. Schule: webbasiertes Lernen
125. Unterrichten: Passung von Lernmethoden, von Lernstilen
126. Unterrichten: Unmittelbarkeit der Rückmeldung
127. Unterrichten: Technologiegestütztes Lernen zu Hause
128. Unterrichten: Problembasiertes Lernen
129. Curricula: Sätze kombinieren
130. Unterrichten: Mentoring
131. Schule: leistungshomogene Klassenbildung
132. Lernende: spezielle Ernährung
133. Lernende: Geschlecht
134. Lehrperson: Lehrerbildung
135. Unterrichten: Fernunterricht
136. Lehrperson: Fachkompetenz
137. Schule: Schulplanänderung
138. Schule: Nachmittags- und Sommerkurse
139. Curricula: Bewegungserziehung
140. Curricula: Ganzheitsmethoden
141. Schule: ethnische Vielfalt
142. Schule: Wohnheimunterbringung
143. Schule: jahrgangsübergreifende Klassen
144. Unterrichten: Freiarbeit
145. Schule: Offene Klassenzimmer
146. Schule: Dauer der Sommerferien
147. Elternhaus: Bezug staatlicher Transferleistungen
148. Schule: Nichtversetzung
149. Elternhaus: Fernsehen
150. Schule: Schulwechsel

Index

Anmerkungen

1 Hart, Betty, und Todd R. Risley: »The Early Catastrophe: The 30 Million Words Gap by Age 3«, *American Educator*, Frühjahr 2003, S. 4–9, https://www.aft.org/sites/default/files/periodicals/TheEarlyCatastrophe.pdf, abgerufen am 11.9.2019.

2 Horacek, Ulrike: »Kleinkinder in den ersten 3 Lebensjahren sind in Kitas gut aufgehoben«, *Kinderärztliche Praxis*, 12.11.2018, https://www.kinderaerztliche-praxis.de/a/pro-u-betreuung-in-kitas-kleinkinder-in-den-ersten-lebensjahren-sind-in-kitas-gut-aufgehoben-1948348, abgerufen am 19.9.2019.

3 National Institute of Child Health and Human Development (NICHD): »Early ChildCare Research Network: Child Care Effect Sizes for the NICHD Study of Early Child Care and Youth Development«, *American Psychologist* 61, 2006, S. 99–116.

4 Böhm, Rainer: »Contra U3-Betreuung in Kitas: Gruppenbetreuung in den ersten 3 Lebensjahren führt zu chronischer Stressbelastung mit Folgen«, *Kinderärztliche Praxis* 89 (6), 2018: 418–422, https://www.kinderaerztliche-praxis.de/a/contra-u-betreuung-in-kitas-gruppenbetreuung-in-den-ersten-lebensjahren-fuehrt-zu-chronischer-stressbelastung-mit-folgen-1948366, abgerufen am 12.10.2019.

5 IPSOS: Initiative »Familie ist Zukunft«, Omnibus-Befragung März 2007, und TNS-EMNID-Umfrage »Kleinkindbetreuung«, Mai 2012, zitiert nach ebenda.

6 Grossmann, Karin: (1998) »Merkmale einer guten Gruppenbetreuung für Kinder unter 3 Jahren im Sinne der Bindungstheorie und ihre Anwendung auf berufsbegleitende Supervision«, *Frühe Kindheit* 3, 1998, http://liga-kind.de/fk-398-grossmann, abgerufen am 12.10.2019.

7 UNICEF: »The child care transition«, *Innocenti Report Card* 8, 2008, S. 12.

8 NICHD: »Early ChildCare Research Network: Child Care Effect Sizes for the NICHD Study of Early Child Care and Youth Development«, *American Psychologist* 61, 2006, S. 99–116.

9 Averdijk, Margit, Sytske Besemer, Manuel Eisner et al.: »The relationship between quantity, type, and timing of external child care and child problem behaviour in Switzerland«, *European Journal of Developmental Psychology* 8 (6), 2011, S. 637–660.

10 Baker, Michael, Jonathan Gruber und Kevin Milligan: »Non-Cognitive Deficits and Young Adult Outcomes: The Long-Run Impacts of a Universal Child Care Program«, *NBER Working Paper No. 21571*, September 2015, http://www.nber.org/papers/w21571, abgerufen am 12.10.2019.

11 Nationale Akademie der Wissenschaften Leopoldina, ACATECH Deutsche Akademie der Technikwissenschaften und Union der deutschen Akademien der Wissenschaften: *Frühkindliche Sozialisation. Biologische, psychologische, linguistische, soziologische und ökonomische Perspektiven*, Halle (Saale) 2014.

12 Stein, Anette, Antje Funcke und Sarah Menne: *Gegen Armut: Geld für Familien kommt bei Kindern an*, Studie, https://www.bertelsmann-stiftung.de/de/themen/aktuelle-meldungen/2018/november/gegen-armut-geld-fuer-familien-kommt-bei-kindern-an, abgerufen am 12.10.2019.

13 »Paul Watzlawick über menschliche Kommunikation«, https://www.paulwatzlawick.de/axiome.html, abgerufen am 2.9.2019.

14 Watzlawick, Paul: *Anleitung zum Unglücklichsein*, München [27]2014. Mit freundlicher Genehmigung.

15 Vgl. zum Beispiel Schulz von Thun Institut für Kommunikation: »Das Kommunikationsquadrat«, https://www.schulz-von-thun.de/die-modelle/das-kommunikationsquadrat, abgerufen am 4.9.2019.

16 Gordon, Thomas: *Familienkonferenz. Die Lösung von Konflikten zwischen Eltern und Kind*, Hamburg 1972, aktualisierte Ausgabe München 2011.

17 Eine geeignete Anleitung hierzu finden Sie beispielsweise in dem Buch *Kinder – natürlich gesund. Naturheilverfahren, die wirklich helfen* von Prof. Dr. med. Walter Dorsch, Berlin 2018.

18 Vgl. Brooks, Robert, und Sam Goldstein: *Das Resilienz-Buch. Wie Eltern ihre Kinder fürs Leben stärken*, Stuttgart 2007.

19 Werner, Emmy E., und Ruth S. Smith: *Overcoming the Odds. High Risk Children from Birth to Adulthood*, Ithaca und London 1992.

20 Mitscherlich, Alexander: *Auf dem Weg zur vaterlosen Gesellschaft*, München 1971.

21 Hattie, John: *Lernen sichtbar machen für Lehrpersonen*, besorgt von Wolfgang Beywl und Klaus Zierer, Baltmannsweiler 2014, überar-

beitete deutschsprachige Ausgabe von *Visible Learning for Teachers*, London 2013.

22 Zitiert nach https://de.wikipedia.org/wiki/Peter-Prinzip, abgerufen am 2.9.2019.

23 Siehe zum Beispiel »Die LifE-Studie«, https://www.uni-potsdam.de/ life-studie/index.html, abgerufen am 12.9.2019.

24 Zitiert nach »Sokrates über die Jugend«, https://www.gutzitiert.de/ zitat_autor_sokrates_thema_jugend_zitat_11962.html, abgerufen am 12.9.2019.

25 Kamper, Adrian: »Psychische und psychosomatische Probleme im Jugendalter«, *Monatsschrift Kinderheilkunde* 163 (9), 2015, S. 900–910.

26 Jenkins, Lee: *Optimize Your School*, Thousand Oaks, CA, u. a. 2016.

27 Hattie, a. a. O.

28 Neurologen und Psychiater im Netz: »Ursachen, Anzeichen, Interventions- und Therapiemöglichkeiten bei Schulschwänzen«, https://www.neurologen-und-psychiater-im-netz.org/kinder-jugend-psychiatrie/erkrankungen/schulvermeidung-schulangst-schulphobie-schuleschwaenzen/schulschwaenzen, abgerufen am 12.10.2019.

29 Tabelle nach Erikson, Erik H.: *Identität und Lebenszyklus*, Frankfurt 1973 (1959), s. a.: https://de.wikipedia.org/wiki/Stufenmodell_ der_psychosozialen_Entwicklung, aufgerufen am 17.9.2019.

30 Rawls, John: *Eine Theorie der Gerechtigkeit*, Frankfurt 1979 und Berlin 2006.

31 Hattie, a. a. O.

32 Bertelsmann Stiftung (Hrsg.): *Gute Ganztagsschulen entwickeln. Zwischenbilanz und Perspektiven*, Gütersloh 2019.

33 Vgl. Zierer, Klaus: *Lernen 4.0: Pädagogik vor Technik*, Baltmannsweiler 2018.

34 Renken, Laura: »The Efficacy of Accelerated Reader as a Reading Comprehension Intervention: A Meta-Analytic Review«, Dissertation, Texas Tech University, 15.5.2018, https://ttu-ir.tdl.org/ handle/2346/82102, abgerufen am 12.10.2019.

35 Mueller, Pam A., und Daniel M. Oppenheimer: »The Pen Is Mightier Than the Keyboard: Advantages of Longhand Over Laptop Note Taking«, *Psychological Science* 25 (4), 2014, https://cpb-us-w2.wpmucdn. com/sites.udel.edu/dist/6/132/files/2010/11/Psychological-Science-2014-Mueller-0956797614524581-1uohoyu.pdf, abgerufen am 13.9.2014.

36 Delgado, Pablo, Cristina Vargas, Rakefet Ackerman und Ladislao Sal-
   merón: »Don't throw away your printed books: A meta-analysis on
   the effects of reading media on reading comprehension«, *Educational
   Research Review* 25, 2018, S. 23–38,
   https://www.sciencedirect.com/science/article/pii/
   S1747938X18300101, abgerufen am 13.9.2019.
37 Adorno, Theodor W.: *Theorie der Halbbildung*, Frankfurt 2006 (1959).
38 Ward, Adrian F., Kristen Duke, Ayelet Gneezy und Maarten W. Bos:
   »Brain Drain: The Mere Presence of One's Own Smartphone Reduces
   Available Cognitive Capacity«, *Journal of the Association for Consumer
   Research* 2 (2), 2017, https://www.journals.uchicago.edu/doi/
   full/10.1086/691462, abgerufen am 13.9.2019.
39 Hattie, a. a. O.
40 Ebenda.
41 Keller, Fred S.: *Keller Plan Handbook: Essays on a Personalized System of
   Instruction*, Menlo Park, CA, 1974.

Die Autoren

Walter Dorsch, Prof. Dr. med., geboren 1949, ist Kinder- und Jugendarzt mit den Spezialgebieten Lungenheilkunde, Allergologie und Naturheilverfahren. Er war Oberarzt an der Mainzer Universitätskinderklinik. Er arbeitet seit 1994 in München in einer Praxisgemeinschaft mit den zusätzlichen Schwerpunkten Psychosomatische Grundversorgung und Familientherapie. Er ist Vater von sechs Kindern.

Klaus Zierer, Prof. Dr. phil., geboren 1976, ist seit 2015 Ordinarius für Schulpädagogik an der Universität Augsburg und Associate Research Fellow am ESRC Centre on Skills, Knowledge and Organisational Performance (SKOPE) der University of Oxford. Besondere Beachtung finden seine Arbeiten im Anschluss an John Hattie, die er in eigenständigen Projekten und Publikationen fortführt. Er ist Vater von drei Kindern.